AF391011

CATALOGUE

DE LA

COLLECTION DE LUYNES

PUBLIÉ SOUS LES AUSPICES DE L'ACADÉMIE DES INSCRIPTIONS ET BELLES-LETTRES

MONNAIES GRECQUES

II

GRÈCE CONTINENTALE ET ILES

PAR

Jean BABELON

DOCTEUR ÈS LETTRES
CONSERVATEUR-ADJOINT DU CABINET DES MÉDAILLES

ÉDITEURS

JULES FLORANGE	LOUIS CIANI
17, RUE DE LA BANQUE, 17	54, RUE TAITBOUT, 54
PARIS (2ᵉ)	PARIS (9ᵉ)

1925

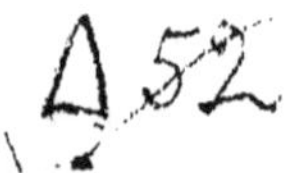

CATALOGUE

DE LA

COLLECTION DE LUYNES

CATALOGUE

DE LA

COLLECTION DE LUYNES

CATALOGUE

DE LA

COLLECTION DE LUYNES

PUBLIÉ SOUS LES AUSPICES DE L'ACADÉMIE DES INSCRIPTIONS ET BELLES-LETTRES

MONNAIES GRECQUES

II

GRÈCE CONTINENTALE ET ILES

PAR

Jean BABELON

DOCTEUR ÈS LETTRES
CONSERVATEUR-ADJOINT DU CABINET DES MÉDAILLES

ÉDITEURS

JULES FLORANGE
17, RUE DE LA BANQUE, 17
PARIS (2ᵉ)

LOUIS CIANI
54, RUE TAITBOUT, 54
PARIS (9ᵉ)

1925

LA
COLLECTION DE LUYNES

MACÉDOINE
PANGÉE

NEAPOLIS

(500-480 av. J.-C.).

1519. Tête de Gorgone de face, la chevelure figurée par des stries, terminée par une frange de boucles, la langue tirée.

℞. Carré creux quadripartit.

Æ 18. — Statère babylonien, 9 gr. 73.

> Brit. Mus., *Cat.*, p. 84, n. 6 ; E. Babelon, *Traité*, II, 1, p. 1194, n. 1740 ; Berlin, *Beschr.*, p. 100, n. 1. Svoronos (*L'hellénisme primitif*, p. 74, n. 2), classe cette pièce à Scabala ou Antisara. Le type en est copié sur celui des monnaies qu'on attribuait jadis de préférence à Érétrie d'Eubée, et que M. Seltman, dans un ouvrage récent, classe avec plus de vraisemblance à Athènes (*Athens, its history and coinage*, Cambridge, 1924, p. 50), v. notre n° 2031.

(411-350 av. J.-C.).

1520. Tête de Gorgone de face, comme ci-dessus.

℞. **NE-ΓO**. Tête de Niké à dr., les cheveux relevés derrière la tête.

Æ 14. — Hémidrachme phénicienne, 2 gr.

> Brit. Mus., *Cat.*, p. 65, n. 17.

1521. Tête de Gorgone de face.

℞. **NEOΓ**. Tête de Niké à dr. ; au bas, une colombe à dr.

Æ 16. — Drachme phénicienne, 3 gr. 60.

> Berlin, *Beschr.*, p. 102, n. 29. La colombe du revers a parfois fait donner à la tête de femme qu'elle accompagne le nom d'Aphrodite.

EION

(500-437 av. J.-C.).

1522. Oie marchant à dr., retournant la tête.

℞. Carré creux divisé en quatre carrés par un croisillon en relief.

Æ 9. — Obole, 0 gr. 75.

> Brit. Mus., *Cat.*, p. 73, n. 5-8 ; Berlin, *Beschr.*, p. 85, n. 2 et ss. ; *Traité*, p. 1190, n. 1728. Svoronos attribue cette pièce aux Paioplaiens.

ÉMATHIE

LÉTÉ

(avant 500 av. J.-C.).

1523. Satyre ithyphallique nu, debout à dr., il a une queue de cheval qu'il tient de la main dr., la main g. levée ; devant lui, une Ménade vêtue d'un long chiton, debout à dr., tenant de la main dr. levée une fleur et de la main g. une couronne ; dans le champ, au centre, globule.

℞. Carré creux divisé diagonalement en quatre triangles.

Æ 20. — Statère, 9 gr. 27.

> Brit. Mus., *Cat.*, p. 77, n. 8 ; *Traité*, p. 1117, n. 1562 ; Berlin, *Beschr.*, p. 95, n. 20. Svoronos (*L'hellénisme primitif*, p. 79, n. 8), attribuait cette pièce aux Sirino-Péoniens.

(vers 500-480 av. J.-C.).

1524. Satyre et Ménade debout, se faisant face. Le satyre tient la nymphe par le poignet et lui caresse le menton de la main g. ; ses cheveux et sa barbe sont figurés par des globules ; la Ménade est vêtue d'une robe plissée et d'une tunique à manches courtes. Dans le champ, trois globules.

℞. Carré creux quadripartit.

Æ 22. — Statère, 9 gr. 60.

> Brit. Mus., *Cat.*, p. 79, n. 22 ; Berlin, *Beschr.*, p, 94, n. 12.

1525. Même description (style plus rude).

Æ 23. — Statère, 9 gr. 70.

> *Traité*, p. 1119, n. 1573.

1526. Satyre nu, à dr., un genou en terre, *veretrum tenens*.
R̷. Carré creux quadripartit.
Æ 11. — Obole, 1 gr. 10.

> Cf. *Traité*, p. 1122, n. 1580.

1527. Même description.
Æ 11. — Obole, 1 gr. 10.

1528. Satyre nu à dr., accroupi, les mains ramenées en avant sur les genoux, sa queue de cheval relevée derrière le dos. Dans le champ, deux globules.
R̷. Carré creux divisé par un croisillon en diagonale.
Æ 11. — Obole, 0 gr. 93.

> Cf. *Traité*, p. 1122, n. 1578.

1529. Satyre à queue de cheval, à demi agenouillé à dr., la main droite ramenée en arrière. Grènetis.
R̷. Tête de lion, la gueule béante, à dr., dans un carré creux.
Æ 15. — Triobole, 3 gr. 33.

> D'après E. Babelon, *Traité*, p. 1123, n. 1382, on devrait peut-être attribuer cette pièce à Thasos.

AEGAE
(vers 500-480 av. J.-C.)

1530. Bouc à demi agenouillé à dr., et détournant la tête ; au-dessus, ⊙. Grènetis.
R̷. Carré creux divisé par un croisillon central.
Æ 24. — Statère, 9 gr. 20.

> Brit. Mus., *Cat.*, p. 38, n. 4 ; Berlin, *Beschr.*, p. 166, n. 7. Svoronos (*L'hellénisme primitif*, p. 23, n. 11) attribue cette pièce aux Laiaiens. Le signe ⊙ qui figure au droit de cette pièce peut être une lettre ou le schéma d'un bouclier macédonien. A ce sujet, voyez E. Babelon, *Traité*, p. 1099, n. 1546, et p. 1103 et Svoronos, *l.c.*, p. 17 qui considère ⊙ comme le symbole solaire péonien.

1531. Même description. Deux globules dans le champ.
R̷. Même description.
Æ 11. — Obole, 1 gr. 08.

> *Traité*, p. 1098, n. 1541 ; Berlin, *Beschr.*, p. 167, n. 14-22 ; Svoronos, *op. cit.*, p. 24, n. 13.

1532. Même description.
Æ 12. — Obole, 1 gr. 09.

CHALCIDICE

ORTHAGORIE

(vers 350 av. J.-C.).

1533. Tête d'Artémis à dr., les cheveux relevés, parée d'un collier et de pendants d'o-
reilles. On distingue le haut du carquois derrière l'épaule. Grènetis.

℞. ΟΡΘΑΓΟ ΡΕΩΝ. Casque macédonien de face surmonté d'une étoile. Entre
les paragnathides, ℍ. Grènetis.

Ⱥ 23. — Statère persique, 10 gr. 40.

Brit. Mus., *Cat.*, p. 88, n. 1 ; Berlin, *Beschr.*, p. 106, n. 1.

ACANTHE

(500-424 av. J.-C.).

1534. Lion à dr., combattant un taureau dont il déchire la croupe, et qui tombe à
genoux à g. En haut, dans le champ, ⁖ et ⳓ. Gros grènetis.

℞. Carré creux divisé par un croisillon central.

Ⱥ 27. — Tétradrachme euboïque, 17 gr.

Cf. *Traité*, p. 1171, n. 1677. On distingue difficilement sur l'exemplaire de l'ancien fonds
du Cabinet des Médailles, le monogramme ici très net.

1535. Même description. En haut, ☉ ; à l'ex., fleur d'acanthe.

℞. Carré creux comme-ci-dessus.

Ⱥ 29. — Tétradrachme, 17 gr. 30.

Cf. *Traité*, p. 1171, n. 1676 ; Brit. Mus., *Cat.*, p. 31, n. 3 ; Berlin, *Beschr.*, p. 30, n. 2,
qui décrit en symbole, un crâne de bœuf avec les cornes.

1536. Même description. En haut, petite tête de lion à dr., la gueule béante. A l'ex.,
fleur d'acanthe.

℞. Comme-ci-dessus.

Ⱥ 28. — Tétradrachme, 16 gr. 95.

Cf. *Traité*, p. 1171, n. 1678. C'est bien une tête de lion qu'il faut voir ici, et non pas
« un fleuron ».

1537. Taureau agenouillé à dr., tournant la tête à g., sur une base de grènetis. Grènetis au pourtour.

℞. Carré creux, plat, divisé par un croisillon central.

Æ 17. — Drachme, 4 gr. 50.

> *Traité*, p. 1171, n. 1682.

1538. Protomé de taureau agenouillé à g. et détournant la tête ; dans le champ, à dr., fleur d'acanthe. Grènetis.

℞. Carré creux comme ci-dessus.

Æ 16. — Tétrobole, 2 gr. 50.

> *Traité*, p. 1178, n. 1792 ; Brit. Mus., *Cat.*, p. 32, n. 7 ; Svoronos, *L'hellénisme primitif*, p. 16, n. 39.

1539. Protomé de taureau agenouillé à g. et détournant la tête. Au-dessus, svastika. Grènetis.

℞. Carré creux quadripartit, granulé.

Æ 16. — Triobole, 2 gr. 31.

> *Traité*, p. 1178, n. 1704. Barclay Head place ces pièces après 424 av. J.-C., mais leur poids les fait rentrer dans le système euboïco-attique usité à Acanthe avant cette date.

1540. Taureau agenouillé à dr., retournant la tête ; au-dessus de son dos, la fleur d'acanthe.

℞. Casque *aulopis* à g., au centre d'une aire circulaire plate.

Æ 16. — Triobole, 2 gr. 20.

> *Traité*, p. 1174, n. 1688. Svoronos (*L'hellénisme primitif*, p. 15, n. 24) classe cette pièce à Dokimos, roi des Édoniens. Mais la légende ΔΟΚΙ qui figure sur des monnaies qu'on a justement rapprochées de celle-ci, est sans doute le début du nom d'un magistrat d'Acanthe.

(après 424 av. J.-C.).

1541. Lion à dr., attaquant un taureau agenouillé à g., dont il mord la croupe. A l'ex., osselet, et ΣΛΚΩΝ. Grènetis.

℞. ΑΚΑΝΘΙΟΝ dans un carré creux au centre duquel se trouve un autre carré divisé par un croisillon central en quatre compartiments occupés par de petites pyramides granulées.

Æ 25. — Tétradrachme, 14 gr. 23.

> Cette pièce et la suivante suivent l'étalon milésiaque ou phénicien adopté à Acanthe en 424, à la suite de l'alliance avec Sparte.

1542. Même description, avec; à l'ex., ΑΛΕΞΙΣ ; sous le ventre du taureau, Σ (?).

℞. Même description.

Æ 26. — Tétradrachme, 14 gr. 07.

> Cf. Brit. Mus., *Cat.*, p. 34, n. 25 ; Berlin, *Beschr.*, p. 31, n. 10 (sans la lettre Σ).
> Cf. L. Forrer, *Cat.* H. Weber II, Pl. 73. 1881.

1543. Lion à dr., combattant un taureau qui succombe, agenouillé à g., le mufle en terre. A l'ex., poisson à g.

℞. AKANΘION dans un carré creux, au centre duquel se trouve un autre carré divisé par un croisillon central.

Æ 29. — Tétradrachme, 17 gr. 40.

> Berlin, *Beschr.*, p. 30, n. 7.

1544. Tête d'Athéna à dr., coiffée d'un casque couronné de laurier.

℞. A KA N dans les quatre compartiments d'un carré creux divisé par un croisillon central ; le fond est granulé.

Æ 12. — Diobole, 1 gr. 22.

> Cf. *Cat.* H. Weber, n. 1885 ; Imhoof, *Mon. Gr.*, p. 61, n. 4.

1545. Même description, sans couronne de laurier sur le casque.

Æ 11. — Obole, 0 gr. 95.

1546. Tête d'Apollon à dr., les cheveux courts.

℞. AK AN ΘI ON. Lyre à sept cordes.

Æ 9. — Hémiobole, 0 gr. 54.

> Brit. Mus., *Cat.*, p. 36, n. 40-41.

TÉRONÉ
(*vers 500-480 av. J.-C.*).

1547. Amphore à deux anses, avec un couvercle conique surmonté d'un fleuron.

℞. Carré creux quadripartit.

Æ 27. — Tétradrachme euboïque, 14 gr. 30.

> *Traité*, p. 1159, n. 1656.

(*vers 424-420 av. J.-C.*).

1548. Satyre nu à demi agenouillé à g., regardant dans une grande œnochoé debout devant lui.

℞. T E. Chèvre passant à dr. ; carré creux.

Æ 13. — Tétrobole, 2 gr. 27.

> Brit. Mus., *Cat.*, p. 108, n. 9 ; Imhoof-Blumer, *Mon. gr.*, pl. C, 23.

LIGUE CHALCIDIENNE
(392-358 av. J.-C.).

1549. Tête d'Apollon lauré, à g., les cheveux courts. Grènetis.
℞. XAΛKIΔEΩN. Lyre à sept cordes. Sur la lyre, à g., Λ.
Æ 25. — Tétradrachme phénicien, 14 gr. 31.

> On a rapproché cette tête d'Apollon de celle du Doryphore de Polyclète. Voy. Fr. Hauser, *Jahresh. d. österr. Arch. Inst.*, 1905, p. 43. Le Λ est peut-être l'initiale d'une signature d'artiste.

1550. Tête d'Apollon lauré, à dr., les cheveux courts.
℞. XAΛKI[Δ]EΩN. Lyre. Au-dessus, EΠI APXIΔAMOY.
Æ 22. — Tétradrachme, 14 gr. 28.

> Cf. Brit. Mus., *Cat.*, p. 68, n. 12.

1551. Même description, au revers, à l'ex., EΠI ANNIKA.
Æ 24. — Tétradrachme, 14 gr. 42.

1552. Tête d'Apollon à g., lauré, les cheveux demi-longs.
℞. XAΛKIΔEΩN. Lyre.
Æ 16. — Tétrobole, 2 gr. 36.

1553. Tête d'Apollon à g., lauré, les cheveux longs.
℞. XAΛKIΔEΩN. Lyre.
Æ 16. — 3 gr. 65.

MENDÉ
(500-450 av. J.-C.).

1554. Ane ithyphallique, debout à dr. Sur la croupe, un corbeau perché, à dr. Grènetis (tréflé).
℞. Carré creux divisé en huit triangles, cinq en creux et trois en relief.
Æ 15. — Tétradrachme euboïque, 16 gr. 82.

> *Traité*, p. 1138, n. 1615.

1555. Ane ithyphallique, à g. ; sur la croupe, un corbeau (?). Grènetis.

R̸. Carré creux comme ci-dessus.

Æ 16. — Tétrobole euboïque, 2 gr. 58.

> *Traité*, p. 1134, n. 1601 ; Berlin, *Beschr.*, p. 100, n. 2.

(*450-400 av. J.-C.*).

1556. Silène nu, debout à dr., avec des cornes de bélier, tenant par les oreilles un âne debout devant lui, à dr. Grènetis.

R̸. **MENΔAION.** Corbeau à dr., perché sur deux bâtons en croix. Carré creux.

Æ 15. — Tétrobole, 2 gr. 42.

> Cf. Brit. Mus., *Cat.*, p. 82, n. 5 et n. 6.

POTIDÉE

(*vers 500-429 av. J.-C.*).

1557. Poseidon Hippios à cheval, allant au pas à dr. ; il est nu, barbu, nu-tête, les cheveux courts ; de la main dr., il tient son trident horizontalement ; et de la main g., la bride de son cheval ; sous le cheval, étoile à huit rais.

R̸. Carré creux partagé par deux diagonales.

Æ 25. — Tétradrachme euboïque, 16 gr. 86 (troué).

> *Traité*, p. 1150, n. 1638 ; Berlin, *Beschr.*, p. 123, n. 1.
> Le type du droit reproduit la statue de Poseidon, érigée devant la ville.

AENEIA

(*424-350 av. J.-C.*).

1558. Tête d'Énée à g., barbu, coiffé d'un casque corinthien à panache. Cercle au pourtour.

R̸. **AINEAΣ**, dans un carré creux, au centre duquel figure un autre carré en relief.

Æ 15. — Tétrobole phénicien, 2 gr. 25.

> Brit. Mus., *Cat.*, p. 41, n. 3 ; cf. Berlin, *Beschr.*, p. 33, n. 2.

STRYMONIENS

AMPHIPOLIS

(424-358 av. J.-C.).

1559. Tête d'Apollon couronné de laurier, de trois quarts à dr., les cheveux épars, paré
de pendants d'oreilles triangulaires, le haut du buste drapé. Dans le champ, à
dr., lion passant à g. Grènetis.

℞. ΑΜΦΙΠΟΛΙΤΕΩΝ sur un cadre carré en relief; au centre, un flambeau, et Α.
Ⱥ 23. Tétradrachme phénicien, 14 gr. 30.

> Acquise de Rollin, 1860. Cf. Brit. Mus., *Cat.*, p. 43, n. 1 ; coll. Jameson, *Cat.*, pl. xlviii,
> 935 ; *Cat.* H. Weber, pl. 75, n. 1964.
> Brit. Mus., *Cat.*, p. 43, n. 1. Le flambeau du revers fait allusion aux Lampadophories célé-
> brées en l'honneur d'Artémis Tauropolos ou Brauronia. Un spécimen de cette magnifique
> pièce, en possession de M. de Nanteuil, permet de préciser notre description. Le symbole est
> sans aucun doute un lion. Le présent exemplaire provient d'une célèbre trouvaille faite en
> 1859 aux environs de Salonique, qui comprenait 52 pièces d'argent d'une grande beauté et
> d'une conservation parfaite. Voy. J. de Witte, in *Rev. num.*, 1864, p. 90.

1560. Tête d'Apollon lauré, de trois quarts à dr., les cheveux épars. Grènetis.

℞. Comme ci-dessus, avec, à dr. du flambeau, un trépied.
Ⱥ 26. — Tétradrachme, 14 gr. 31.

> Acquise de Rollin, 1860.
> Brit. Mus., *Cat.*, p. 43, n. 2 ; Berlin, *Beschr.*, p. 35, n. 4.

1561. Même tête, de trois quarts à g.

℞. Même description, sans symbole.
Ⱥ 27. — Tétradrachme, 14 gr. 32

> Acquise de Rollin, 1860.
> Cf. *Cat.* H. Weber, pl. 75, n. 1966.

1562. Même tête, de trois quarts à g.

℞. Α-Μ-Φ-Ι et flambeau, dans une couronne de laurier.
Ⱥ 15. — Tétrobole, 2 gr. 40.

> Acquise de Rollin, 1860.
> Brit. Mus., *Cat.*, p. 44, n. 8.

1563. Même tête, de trois quarts à dr.

℞. ΑΜΦΙΠΟΛΙΤΕΩΝ dans un cadre carré ; au centre, flambeau. Carré creux.
Ⱥ 16. — Drachme, 3 gr. 57.

> Provient de la coll. Dupré.
> Brit. Mus., *Cat.*, n. 9.

1564. Même tête, de trois-quarts à dr.
R̵. Même description.
Ꭱ Triobole, 1 gr. 72.

Acquise de Rollin, 1859.

1565. Tête d'Apollon, à dr., les cheveux courts, ceints d'une *taenia*.
R̵. **ΑΜΦΙ** et poisson à dr., le tout dans un carré creux.
Ꭱ 9. — Obole, 0 gr. 47.

Brit. Mus., *Cat.*, p. 45, n. 10.

TRAGILUS
(*450-400 av. J.-C.*).

1566. Épi de blé.
R̵. **T-R-A-I**. Dans les quatre compartiments d'un carré creux divisé par un croisillon central.
Ꭱ 10. — 0 gr. 32.

Acquise de Rollin, 1859.
Brit. Mus., *Cat.*, p. 130, n. 1 ; Berlin, *Beschr.*, p. 159, n. 1.

1567. Même description.
Ꭱ 8. — 0 gr. 36.

Provient de la coll. Dupré.

1568. Tête d'Hermès à g., les cheveux courts, coiffé d'un pétase retenu par un cordon qui passe derrière la tête.
R̵. **TRAII··И**. Rose ; à dr. caducée.
Æ 14. — 3 gr. 16. Belle patine verte.

Provient de la coll. Dupré.
Cf. Berlin, *Beschr.*, p. 160, n. 12.

1569. Même tête à dr.
R̵. **TPAIΛION**. Rose ; à dr., grappe de raisin.
Æ 15. — 3 gr. 70.

Brit. Mus., *Cat.*, p. 132, n. 13.

PHILIPPI

(358 av. J.-C.).

1570. Tête d'Héraclès jeune, à dr., coiffé de la peau de lion nouée sous le cou.
℞. ΦΙΛΙΓΓΩΝ. Trépied; à dr. grappe de raisin avec feuille de vigne.
Aſ 18. — Statère, 8 gr. 59.

> Acquise de Peret, 1856.
> Berlin, *Beschr.*, p. 117, n. 5.

1571. Tête d'Héraclès à dr., imberbe, coiffé de la peau de lion.
℞. ΦΙΛΙΓΓΩΝ. Trépied, avec des bandelettes attachées aux anses. Au-dessus, palme ; à dr., caducée.
Aſ 17. — Statère, 8 gr. 60.

> Berlin, *Beschr.*, p. 117, n. 1.

1572. Tête d'Héraclès jeune, à dr., coiffé de la peau de lion.
℞. ΦΙΛΙΓΓΩΝ. — Trépied, avec des bandelettes attachées aux anses. Au-dessus, palme ; à dr., hache.
Æ 23. — Tétradrachme phénicien, 12 gr. 86.

> Berlin, *Beschr.*, p. 118, n. 7.

1573. Même type.
℞. Même description, avec, à dr., un dauphin.
Æ 24. — Tétradrachme phénicien, 13 gr. (la pièce est trouée).

> Berlin, *Beschr.*, p. 118, n. 9.

1574. Même type.
℞. Même description, avec, à dr., une hache.
Æ 16. — Drachme, 3 gr. 18.

1575. Même type.
℞. Même description, avec, à dr., un arc bandé.
Æ 13. — Hémidrachme, 1 gr. 60.

> Acquise de Rollin, 1859.
> Brit. Mus., *Cat.*, p. 97, n. 5.

ROIS DE MACÉDOINE

ALEXANDRE Ier
(*498-454 av. J.-C.*).

1576. Cavalier au pas à g., barbu, vêtu d'une chlamyde, coiffé de la *kausia*; il tient
de la main dr. deux lances, et de la g., la bride de son cheval. Grènetis.

℞. Tête de bouc avec le cou, à dr., dessous, caducée; carré linéaire dans un
carré creux.

Æ 27. — Statère, 13 gr. 11 (la pièce est trouée).

> Brit. Mus., *Cat.*, p. 158, n. 1; *Traité*, p. 1094, n. 1532; Svoronos, *L'hellénisme primitif*,
> p. 27, n. 9. Ces monnaies ont été frappées à Ægae, comme l'indique le type du bouc.

1577. Cavalier comme ci-dessus, à dr.

℞. Tête de guerrier à dr., coiffé d'un casque macédonien à long panache, dans
une aire granulée circonscrite par un carré linéaire, le tout dans un carré
creux.

Æ 25. — Statère, 10 gr. 80.

> *Numismatic Chronicle*, 1896, pl. II, n. 5 (Coll. Weber); *Traité*, p. 1090, n. 1521. Svoro-
> nos (*L'hellénisme primitif*, p. 25, n. 2) attribue cette pièce aux Graiaiens ou Dobériens. Elle
> fut frappée sans doute, comme ses pareilles, à Pydna.

1578. Cavalier au pas à dr., vêtu de la chlamyde, coiffé de la *kausia* et tenant deux
lances.

℞. Carré creux quadripartit.

Æ 10. — Obole, 0 gr. 85.

> *Traité*, p. 1087, n. 1515. Svoronos (*op. cit.*, p. 110, n. 28) attribue cette pièce aux
> Bisaltes.

1579. Même description.

℞. Protomé de lion bondissant à dr.

Æ 13. — Triobole, 2 gr. 25.

> Provient de la Coll. Dupré.
> Brit. Mus., *Cat.*, p. 161, n. 21; *Traité*, p. 1095, n. 1538; Svoronos, *op. cit.*, p. 113, n.7.

PERDICCAS II
(454-413 av. J.-C.).

1580. Cheval libre, au pas à dr.

 ℞. Casque macédonien à panache, à dr., dans un carré linéaire.

 Æ 14. — 1 gr. 92.

   Brit Mus., *Cat.*, p. 159, n. 5 ; cf. Berlin, *Beschr*., p. 184, n. 1.

1581. Même description ; sous le cheval, Γ.

 ℞. Même description.

 Æ 15. — 2 gr. (la pièce est trouée).

   Berlin, *Beschr.*, p. 184, n. 2.

ARCHELAUS I
(413-399 av. J.-C.).

1582. Tête de jeune homme imberbe, à dr., les cheveux courts, retenus par une *taenia*. Grènetis.

 ℞. [A]PXEΛAO. Cheval libre marchant vers la dr., la bride traîne à terre. Carré linéaire dans un carré creux.

 Æ 23. — Statère, 10 gr. 80.

   Brit. Mus., *Cat.*, p. 164, n. 3, 4 ; Berlin, *Beschr.*, p. 185, n. 3.

1583. Même description.

 ℞. APXEΛAO. Même description.

 Æ 23. — Statère, 10 gr. 60.

AMYNTAS III
(389-369 av. J.-C.).

1584. Tête d'Héraclès barbu à dr., coiffé de la peau de lion. Grènetis.

 ℞. AMYNTA. Cheval libre, à dr. Carré linéaire dans un carré creux.

 Æ 21. — Statère, 9 gr. 20.

   Brit. Mus., *Cat.*, p. 171, n. 2 ; Berlin, *Beschr.*, p. 192, n. 4.

1585. Même description.

  Æ 22. — Statère, 10 gr. 55.

1586. Cavalier au galop à dr., coiffé de la *kausia*, vêtu de la chlamyde et d'un chiton, brandissant une lance. Cercle au pourtour.

  ℞. **AMYN..** Lion à g., broyant dans ses crocs un dard qui lui a percé la patte droite.

  Æ 23. — Statère, 10 gr. 39.

   Acquise de Rollin, 1861.
   Brit. Mus., *Cat.*, p. 173, n. 15 ; Berlin, *Beschr.*, p. 192, n. 1.

1587. Tête d'Héraclès imberbe à dr., coiffé de la peau de lion.

  ℞. ...**VNTA**. Aigle à g., détournant la tête, dans un carré linéaire.

  Æ 12. — 1 gr. 55.

   Brit. Mus., *Cat.*, p. 172, n. 6, 7 ; Berlin, *Beschr.*, p. 193, n. 7.

PERDICCAS III
(369-359 av. J.-C.).

1588. Tête d'Héraclès imberbe à dr., coiffé de la peau de lion. Grènetis.

  ℞. **ΠΕΡΔΙΚ ΚΑ**. Lion à dr., brisant un dard dans ses crocs.

  Æ 20. — 9 gr. 35.

   Provient de la Coll. Dupré.
   Brit. Mus., *Cat.*, p. 175, n. 2 ; Berlin, *Beschr.*, p. 196, n. 1.

1589. Même description.

  Æ 16. — 3 gr. 22.

1590. Même description.

  Æ 18. — 3 gr. 70.

PHILIPPE II
(359-336 av. J.-C.).

1591. Tête d'Apollon lauré à dr., les cheveux courts.

  ℞. **ΦΙΛΙΓΓΟΥ**. Bige au galop à dr. Dans le ch., trident.

  N 18. — Statère, 8 gr. 60.

   Frappé à Amphipolis.

1592. Autre exemplaire.

AV 18. — Statère, 8 gr. 63.

1593. Même description, avec un foudre au lieu du trident.

Æ 19. — Statère, 8 gr. 63.

Frappé à Pella.

1594. Tête d'Héraclès à dr., imberbe, coiffé de la peau de lion nouée sous le menton.

R. ΦΙΛΙΠΠΟΥ. Protomé de lion couché à g. Dans le ch., trident.

AV 13. — 1/2 statère, 4 gr. 30.

Frappé à Amphipolis.

1595. Même description.

R. ΦΙΛΙΠΠΟΥ. Arc et massue; à l'ex., trident.

AV 11. — 1/4 de statère, 2 gr. 15.

Frappé à Amphipolis.

1596. Tête de Zeus lauré, barbu, à dr.

R. ΦΙΛΙΠΠΟΥ. Jeune cavalier nu, imberbe, les cheveux flottant derrière la tête, tenant une palme, sur un cheval au pas à dr. Sous le cheval, amphore.

AR 25. — Tétradrachme, 14 gr. 48.

Acquise de Rollin, 1861.

1597. Tête de Zeus lauré, à dr.

R. ΦΙΛΙΠΠΟΥ. Cavalier macédonien barbu, coiffé de la *kausia* et vêtu de la chlamyde, la main droite levée, sur un cheval au pas à g. Dans le ch., à g., M.

AR 26. — Tétradrachme, 14 gr. 48.

1598. Tête d'Héraclès imberbe à dr., coiffé de la peau de lion nouée sous le menton. Grènetis.

R. ΦΙΛΙΠΠΟΥ. Jeune cavalier nu, à dr., couronnant son cheval. Sous le cheval, foudre.

AR 20. — Didrachme, 7 gr. 23.

Acquise de Rollin, 1861.
Frappé à Pella.

1599. Même tête à dr.

    ℞. ΦΙΛΙΠΠΟΥ. Cavalier à g., vêtu de la chlamyde, couronnant son cheval. Dans le ch., à g., arc.

    Æ 15. — Drachme, 3 gr. 45 (percée d'un trou).

1600. Tête de jeune homme imberbe à dr., ceinte d'une *taenia*.

    ℞. ΦΙΛΙΠΠΟΥ. Jeune cavalier nu, au galop à dr. Au-dessous, foudre.

    Æ 15. — Tétrobole, 2 gr. 63.

        Frappé à Pella.

1601. Même description, avec une massue au lieu du foudre.

    Æ 15. — Tétrobole, 2 gr. 32.

1602. Tête d'Héraclès à dr., comme ci-dessus.

    ℞. ΦΙΛΙΠΠ•Υ. Tête de cheval à dr. ; au-dessous, foudre.

    Æ 11. — Diobole, 1 gr. 25.

1603. Tête de jeune homme imberbe, à dr., les cheveux courts, ceints d'une *taenia*. Grènetis.

    ℞. ΦΙΛΙΠΠΟΥ. Cavalier macédonien au galop à dr., coiffé de la *kausia*. Sous le cheval, Ɛ ; à dr., un globule.

    Æ 17. — 6 gr. 30.

ALEXANDRE LE GRAND
(336-323 av. J.-C.).

OR

1604. Tête de Pallas à dr., coiffée d'un casque corinthien à triple panache, dont la bombe est décorée d'un serpent ; elle a les cheveux réunis en longues torsades, et porte un collier.

    ℞. ΑΛΕΞΑΝΔΡΟΥ. Victoire debout à g., ailée, vêtue d'une robe talaire, tenant une couronne et la stylis ; dans le ch., à g., foudre.

    N 23. — Distatère, 17 gr. 22.

        Provient de la Collection Dupré.
        Frappé à Amphipolis. Pour ces lieux de frappe, cf. *Cat.* H. Weber, avec les notes dues à M. Ed. Newell.

1605. Même description.

    ℞. Même description, à g. trident au lieu du foudre.

    N 22. — Distatère, 17 gr. 22.

1606. Même description.

    ℞. ΑΛΕΞΑΝΔΡΟΥ. Même description, avec le trident.

    N 18. — Statère, 8 gr. 53.

1607. Même description.

    ℞. ΑΛΕΞΑΝΔΡΟΥ. Même description, avec, à g., un casque corinthien.

    N 19. — Statère, 8 gr. 61.

1608. Même description, le casque orné d'un griffon à dr.

    ℞. ΑΛΕΞΑΝΔΡΟΥ. Même description; dans le ch., à dr., caducée.

    N 18. — Statère, 8 gr. 58.

1609. Même description, le casque sans ornement.

    ℞. ΑΛΕΞΑΝΔΡΟΥ. Même description; dans le ch. à g., Σ̄, et au bas, griffon accroupi à dr.

    N. 18. — Statère, 8 gr. 50.

1610. Même description, le casque orné d'un serpent.

    ℞. ΑΛΕΞΑΝΔΡΟΥ. Même description.; dans le ch., à g., griffon accroupi à g., et en bas, tête de bélier à g.

    N 18. — Statère, 8 gr. 67.

1611. Même description, avec le serpent.

    ℞. ΑΛΕΧΑΝΔΡΟΥ. Même description, à g., ⋈. En bas à dr., Τ.

    N 17. — Statère, 8 gr. 60.

1612. Même description, avec le serpent.

    ℞. ΑΛΕΞΑΝΔΡΟΥ ΒΑΣΙΛΕΩΣ. Même description ; en bas, à g., petite tête de Silène à g. ; à dr., ⋈ dans une couronne.

    N 19. — Statère, 8 gr. 52.

       Provient de la Coll. Dupré.

1613. Même description, avec le serpent.

    ℞. ΑΛΕΞΑΝΔΡΟΥ. Même description ; dans le ch., à g. ℞.

    N 18. — Statère, 8 gr. 55.

1614. Même description, avec le serpent.

    ℞. ΑΛΕΞΑΝΔΡΟΥ ΒΑΣΙΛΕΩΣ. Même description ; dans le ch., à g., ΦΙ et ΛΣ.

    N 19. — Statère, 8 gr. 55.

1615. Même descripiton, avec le serpent.

    ℞. ΑΛΕΞΑΝΔΡΟΥ. — Même description. Dans le ch., à g., ⊕ ; à dr., monogramme dans un cercle.

    A̸ 17: — Statère, 8 gr. 62.

        Frappé à Tyr.
        Cf. *Cat.* H. Weber, pl. LXXIX, nᵒ 2080.

1616. Même description, avec le serpent.

    ℞. [ΑΛΕ]ΞΑΝΔΡ[ΟΥ]. Même description, à dr. ⊛ ; à g., ⊕.

    A̸ 18. — Statère, 8 gr. 57.

1617. Autre exemplaire.

    A̸ 19. — Statère, 8 gr. 58.

1618. Même description, avec le serpent.

    ℞. ΑΛΕΞΑΝΔΡΟΥ. Même description, à g., osselet dans un cercle (?).

    A̸ 19. — Statère, 8 gr. 62.

1619. Même description, avec le serpent.

    ℞. ΑΛΕΞΑΝΔΡΟΥ ΒΑΣΙΛΕΩΣ. Même description ; dans le ch., à g., ⍁.

    Æ 19. — Statère, 8 gr. 53.

        Trouvé dans le trésor de la basilique de Tiriolo avec trois cents autres pièces d'or semblables, fondues.

1620. Même description, avec le serpent.

    ℞. ΑΛΕΞΑΝΔΡΟΥ. Foudre, arc et massue.

    Æ 11. — 1/4 de statère, 2 gr. 16.

        Frappé à Amphipolis.
        Cf. *Cat.* H. Weber, pl. LXXIX, n. 2072.

1621. Même description, avec le serpent.

    ℞. [ΑΛΕ]ΞΑΝΔΡΟΥ. Niké marchant à g., tenant une palme et une couronne.

    A g., ⍟, une palme, et ΣΙ.

    A̸ 19 — Statère, 8 gr. 60.

        Cette pièce a été frappée à Sidon vers 324-323 av. J.-C. Voy. E. T. Newell, *The dated Alexander coinage of Sidon and Ake*, p. 13, n. 31 et pl. II, n. 13.

1622. Même description. La bombe du casque est ornée d'un griffon.

    ℞. ΑΛΕΞΑΝΔΡΟΥ. Niké debout à g., tenant la stylis et une couronne (hors du flan). En bas, à dr., ⊣o III III (an 26).

N̄ 17. — Statère, 8 gr. 65.

> Provient de la coll. du marquis de Lagoy.
> Cette pièce a été frappée à Aké, voy. E.T. Newell, *op. cit.*, p. 45, n. 23 et pl. VII, n. 1-3.

1623. Même description. Au revers la Victoire tient une couronne et un stylis ; à g.,
II IIⱶ ╕o (an 35 ?).

N̄ 19. — Statère, 8 gr. 59.

> Provient de la coll. du marquis de Lagoy.
> Atelier d'Ake. Newell, p. 49, n. 39, Q.

1624. Même description. Au revers, à dr., ╕o.

N̄ 19. — Statère, 8 gr. 50.

> Atelier d'Ake.

1625. Même description. Au revers, à dr., Iⱶ ═ ╕o.

N̄ 19. — Statère, 8 gr. 65.

> Atelier d'Ake.

1626. Tête d'Athéna à dr., coiffée du casque corinthien à panache orné d'un serpent
sur la bombe. Collier. A g., A.
℞. ΑΛΕΞΑΝΔΡΟΥ. Niké comme ci-dessus ; à dr., ₳ ; à g., ✕II\·.
N̄ 17. — Statère 8 gr. 60.

> Cette pièce a été frappée à Aradus.

ARGENT

Tétradrachmes.

Ire CLASSE

Faute d'une classification plus scientifique, on a groupé ces tétradrachmes suivant les sept classes établies
par Müller, *Numismatique d'Alexandre*. Cf. *Hist. Num.*, p. 227.

1627. Tête d'Alexandre imberbe à dr., coiffé de la peau de lion. Grènetis.
℞. ΒΑΣΙΛΕΩΣ ΑΛΕΞΑΝΔΡΟΥ. Zeus lauré, assis à g. sur un trône, tenant l'aigle
sur sa main dr. tendue, s'appuyant de la gauche sur un sceptre. Dans le ch., à
g., casque macédonien. Grènetis.
Æ 27. — Tétradrachme, 17 gr. 12.

2ᵉ CLASSE.

1628. Même description. Au revers, dans le ch., à g., Victoire debout à dr., tenant une couronne ; sous le trône, Ⱥ.
Ⱥ 28. — Tétradrachme, 17 gr. 12.

1629. Même description. Au revers, dans le ch., à g., Victoire volant à dr., tenant une couronne. Sous le trône, Ⱥ ; à l'ex., O.
Ⱥ 28. — 17 gr. 50.

1630. Même description. Au revers, ΑΛΕΞΑΝΔΡΟΥ, et dans le ch., à g., étoile à dix rais et ⋔.
Ⱥ 25. — Tétradrachme, 17 gr. 05.

1631. Même description. Au revers, dans le ch., à g., proue de vaisseau.
Ⱥ 27. — Tétradrachme, 17 gr. 15.

1632. Même description. Au revers, dans le ch., à g., protomé de bélier bondissant à dr. ; sous le trône, ΔΑ.
Ⱥ 25. — Tétradrachme, 17 gr. 03.

1633. Même description. Au revers, dans le ch., à g., ↗ ; sous le siège, ΣΙ.
Ⱥ 26. — Tétradrachme, 17 gr. 15.
Cette pièce a été frappée à Sidon. Voy. Newell, *op. cit.*

1634. Même description. Au revers, dans le ch., à g., ↗o.
Ⱥ 24. — Tétradrachme. 17 gr. 10 (la pièce est cisaillée).
Cette pièce a été frappée à Aké. Voy. Newell, *op. cit.*

1635. Même description.
Ⱥ 27. — Tétradrachme, 17 gr. 10.
Atelier d'Aké.

1636. Même description, avec ↗o II.
Ⱥ 27. — Tétradrachme, 16 gr. 20.
Atelier d'Aké.

1637. Même description avec ↗o IIII =.
Ⱥ 27. — Tétradrachme, 17 gr. 05.
Atelier d'Aké.

1638. Même description, avec ⅂o II III ⚌.
AR 28. — Tétradrachme, 17 gr. 10.
   Atelier d'Aké.

1639. Même description, avec ⅂o III III ⚌.
AR 27. — Tétradrachme, 17 gr. 15.
   Atelier d'Aké.

1640. Même description, avec ⅂o... ? Type flou.
AR 27. — Tétradrachme, 17 gr. 10.
   Atelier d'Aké.

1641. Même description, avec III— ⅂o.
AR 28. — Tétradrachme, 16 gr. 97.
   Atelier d'Aké.

1642. Même description, avec III — ⅂o.
AR 26. — Tétradrachme, 17 gr. 02.
   Atelier d'Aké.

1643. Même description, avec III III — ⚌ ⅂o.
AR 29. — Tétradrachme, 17 gr. 02.
   Atelier d'Aké.

TROISIÈME CLASSE.

1644. Même description. Au revers, ΑΛΕΞΑΝΔΡΟΥ ΒΑΣΙΛΕΩΣ ; à g., dans le ch.,
M ; sous le trône, ΛΥ.
AR 26. — Tétradrachme, 17 gr. 20.

QUATRIÈME CLASSE.

1645. Même description. Au revers, ΑΛΕΞΑΝΔΡΟΥ. Dans le ch., à g., bouclier béotien ; sous le trône, serpent dressé.
AR 26. — Tétradrachme, 17 gr. 13.

1646. Même description. Au revers, dans le ch., à g., chimère marchant à dr. ; sous le
trône, ND.
AR 25. — Tétradrachme, 17 gr. 12.

1647. Même description. Au revers, dans le ch., à g., foudre.

Æ 29. — Tétradrachme, 17 gr. 20.

Provient de la coll. Dupré.

1648. Même description. Au revers, ΑΛΕΞΑΝΔΡΟΥ ΒΑΣΙΛΕΩΣ. Dans le ch., à g., ancre retournée, et EP ; sous le trône, K.

Æ 25. — Tétradrachme, 17 gr.

CINQUIÈME CLASSE.

1649. Même description. Au revers, ΒΑΣΙΛΕΩΣ ΑΛΕΞΑΝΔΡΟΥ. Dans le ch., à g., palme ; sous le trône, ΣΙ.

Æ 31. — Tétradrachme, 16 gr. 40.

Atelier de Sidon.

1650. Même description. Au revers, ΑΛΕΞΑΝΔΡΟΥ. Dans le ch., à g., rose ; sous le trône, ΔΙ O.

Æ 27. — Tétradrachme, 17 gr. 07.

Atelier de Traelium.

1651. Même description. Au revers, les montants du trône sont ornés de deux Victoires. Dans le ch., à g. Athéna Promachos marchant à g. ; sous le trône, ΔΕ ΓΟ (?).

Æ 29. — Tétradrachme, 17 gr.

1652. Même description. Au revers, dans le ch., à g., palmier ; sous le trône, P.

Æ 28. — Tétradrachme, 17 gr. 24.

1653. Même description. Au revers, dans le ch., à g., ΛΡ et palmier ; sous le trône, ΛΓ.

Æ 29. — Tétradrachme, 16 gr. 53. Pièce trouée. Surfrappée.

Atelier de Marathus.

SIXIÈME CLASSE.

1654. Même description. Au revers, ΑΛΕΞΑΝΔΡΟΥ. Dans le ch., à g., ΔΗ, amphore entourée d'un cep de vigne et T ; à dr., HP.

Æ 34. — Tétradrachme, 16 gr. 37.

1655. Même description. Au revers, dans le ch., à g., 'ΓΣΕ et griffon à dr.
Æ 30. — Tétradrachme, 17 gr.

1656. Même description. Au revers, dans le ch., à g., ΑΣ et K.
Æ 32. — Tétradrachme, 16 gr. 80.

SEPTIÈME CLASSE.

1657. Même description. Au revers, ΒΑΣΙΛΕΩΣ ΑΛΕΞΑΝΔΡΟΥ ΜΕΣΑΜ. Dans le ch., à g., ΔΙΟ.
Æ 32. — Tétradrachme, 13 gr.

Atelier de Mesembria.

1658. Même description. Au revers, ΑΛΕΞΑΝΔ[ΡΟΥ]. Dans le ch., à g., lion marchant à g. et détournant la tête, et ΪΜ ; à dr., Ψ et Ր.
Æ 32. — Tétradrachme, 16 gr. 17.

1659. Même description. Au droit, en contremarque, tête tourelée à dr. Au revers, dans le ch., à g., cavalier au galop à g. ; sous le trône, Δ·
Æ 35. — Tétradrachme, 16 gr. 50.

1660. Même description. Au revers, ΒΑΣΙΛΕΩΣ ΑΛΕΞΑΝΔΡΟΥ ΟΔΗΣΙΤΩΝ. Dans le ch., à g., ΕΚΑ ; sous le trône, étoile à six rais.
Æ 29. — Tétradrachme, 15 gr. 65.

Atelier d'Odessus.
Cf. *Cat.* H. Weber, pl. LXXX, n. 2098.

1661. Même description (style barbare). Au revers, ΒΑΣΙΛΕΩΣ [Α]ΛΕΞΑΝΔΡ[ΟΥ]. Dans le ch., à g., ΘΕ ; sous le trône, ʁϒ.
Æ 31. — Tétradrachme, 16 gr. 42.

Acquis de Curt, 1861.

1662. Même description (style barbare). Au revers, ΑΛΕΞΑΝΔΡΟΥ. Dans le ch., à g., palmier ; sous le trône, Ʀ ; à l'ex., ΙΙΙ ΙΙΙΝΧV.
Æ 33. — Tétradrachme, 17 gr.

Atelier d'Aradus.

Didrachmes, drachmes et petites divisions.

1663. Même description. Au revers, ΑΛΕΞΑΝΡΟΥ· Dans le ch., à g., Μ ; sous le trône, ΙΗ.
Æ 23. — Didrachme, 8 gr. 50.

1664. Même description. Au revers, ΑΛΕΞΑΝΔΡΟΥ. Dans le ch., à g., tête de lion à g., et croissant de lune sous le trône, étoile à cinq branches (pentalpha).
ℛ 18. — Drachme, 4 gr. 38.

1665. Autre exemplaire, coin différent.
ℛ 18. — Drachme, 3 gr. 80.

1666. Même description. Au revers, dans le ch., à g., tête de lion à g., dans un cercle, et au-dessous, grappe de raisin avec feuille de vigne ; sous le trône, ME.
ℛ 19. — Drachme, 4 gr. 01.

1667. Même description. Au revers, dans le ch., à g., lion debout à dr., détournant la tête ; sous le trône, feuille de lierre.
ℛ 18. — Drachme, 4 gr. 15.

1668. Même description. Au revers, dans le ch., à g., abeille vue de dos ; à dr., fer de lance.
ℛ 18. — Drachme, 4 gr. 05.

1669. Même description. Au revers, dans le ch., à g., croissant de lune ; sous le trône, ϟκ.
ℛ 18. — Drachme, 4 gr. 15.

1670. Même description. Au revers, dans le ch., à g., étoile entre deux croissants de lune, et au-dessous, ΟΙ.
ℛ 16. — Drachme, 3 gr. 82.

1671. Même description. Au revers, dans le ch., à g., protomé de Pégase à g.
ℛ 17. — Drachme, 4 gr. 12.

1672. Même tête d'Héraclès à dr. Cercle au pourtour.
℞. Zeus aétophore assis à g. Cercle au pourtour.
ℛ 9. — Obole, 0 gr. 50.

1673. Même description ; pas de cercle au pourtour.
ℛ 10. — Obole, 0 gr. 70.

1674. Même description, avec cercle de grènetis, et, au revers, ΣΙ.
ℛ 8. — Obole, 0 gr. 50.

Atelier de Sidon.

BRONZE

1675. Tête d'Héraclès comme ci-dessus, à dr.
℞. ΑΛΕΞΑΝΔΡΟΥ ΒΑΣΙΛΕΩΣ. Arc et carquois, massue, et à g., ЖН.
Æ 18.

1676. Même description. Au revers, ΑΛΕΞΑΝΔΡ ; à dr., grappe de raisin et Α.
Æ 18.

1677. Même description. Au revers, dans le ch., à g., grappe de raisin.
Æ 18.

1678. Même description. Au revers, ΒΑΣΙΛΕΩΣ ; dans le ch., à g., flambeau allumé.
Æ 20.

1679. Autre exemplaire.
Æ 20.
> Provient de la coll. Dupré.

PHILIPPE III, ARRHIDÉE
(323-316 av. J.-C.).

1680. Tête de Pallas à dr., coiffée d'un casque corinthien à panache, dont la bombe est décorée d'un griffon à dr. ; les cheveux sont disposés en grosses tresses sur le cou.
℞. ΦΙΛΙΓΓΟΥ ΒΑΣΙΛΕΩΣ. Victoire debout à dr., vêtue d'une robe talaire, tenant une couronne, et la stylis ; en bas, à g., tête du Soleil de face ; à dr., ΚΥ.
N 19. — Statère, 8 gr. 53.
> Frappé à Babylone.

1681. Même description, avec un serpent sur le casque.
℞. [ΦΙ]ΛΙΓΓΟΥ. Même descr. Dans le ch., à g., Ϟ et Ⓐ.
N 18. — Statère, 8 gr.

1682. Tête d'Héraclès à dr., coiffé de la peau de lion nouée sous le menton.
℞. ΦΙΛΙΓΓΟΥ ΒΑΣΙΛΕΩΣ. Zeus assis à g. sur un trône, s'appuyant sur le sceptre

et tenant l'aigle sur sa main droite tendue ; à g., tête du Soleil de face ; sous le trône, **KY**.

Æ 29. — Tétradrachme, 17 gr. 11.

Frappé à Babylone.
Cf. *Cat.* H. Weber, pl. LXXXIII, n. 2157.

1683. Même description ; au ℞, à dr., Σ, et sous le trône, Æ.
Æ 26. — Tétradrachme, 17 gr. 15.

1684. Même description.
℞. **ΦΙΛΙΓΓΟΥ**. Même description, avec, sous le trône, **ΠΥ**.
Æ 27. — Tétradrachme, 17 gr. 30.

1685. Même description.
℞. **ΦΙΛΙΓΓΟΥ**. Même description, avec, à g., **Æ**.
Æ 18. — Drachme, 4 gr. 23.

CASSANDRE
(306-297 av. J.-C.)

1686. Tête d'Apollon lauré à dr., les cheveux longs.
℞. [B]ΑΣΙΛΕΩΣ [ΚΑ]ΣΣΑΝΔΡ[ΟΥ]. Trépied ; à dr., caducée.
Æ 19. — 5 gr. 26.

Γεωργίου Π. Οἰκονόμου, Νομίσματα τοῦ Βασιλεῶς Κασσάνδρου, 1918. Extr. du Ἀρχαίουλόγικου δελτίου.

1687. Casque macédonien à dr. Grènetis.
℞. ΒΑΣΙ[ΛΕΩΣ] [Κ]ΑΣΣΑΝΔΡ[ΟΥ]. Fer de lance.
Æ 18. — 4 gr. 05.

1688. Tête d'Héraclès imberbe, à dr., coiffé de la peau de lion.
℞. Type fruste indiscernable.
Æ 19. — 6 gr. 15.

ANTIGONE, ROI D'ASIE
(306-301 av. J.-C.)

1689. Tête de Pallas à dr., coiffée du casque corinthien à panache, la bombe ornée d'un serpent, les cheveux tombant en tresses sur le cou.

℞. ΑΝΤΙΓ[ΟΝΟΥ] ΒΑΣΙΛ[ΕΩΣ]. Niké debout à g., tenant une couronne et la stylis.

N 18. — Statère, 8 gr. 57 (pièce tréflée).

DÉMÉTRIUS POLIORCÈTE

(306-283 av. J.-C.).

1690. Niké sonnant de la trompette, debout à g., sur une proue de galère. Grènetis.

℞. ΔΗΜΗΤΡΙΟΥ ΒΑΣΙΛΕΩΣ. Poseidon nu, à g., brandissant un trident ; il a une draperie enroulée sur le bras gauche ; à g., ⊠P ; à dr., A et étoile. Grènetis.

Æ 26. — Tétradrachme, 17 gr. 05.

> Le type du droit commémore la victoire de Samothrace remportée par Démétrius Poliorcète sur la flotte de Ptolémée, au large de Chypre, en 306 av. J.-C.

1691. Tête de Démétrius à dr., imberbe, cornu, diadémé. Grènetis.

℞. ΒΑΣΙΛΕΩΣ ΔΗΜΗΤΡΙΟΥ. Poseidon nu, à g., le pied dr. posé sur un rocher, tenant le trident ; à g., ⪡ ; à dr., Ͷ. Grènetis.

Æ 30. — Tétradrachme, 16 gr. 92.

1692. Même tête à g.

℞. ΔΗΜΗΤΡΙΟΥ ΒΑΣΙΛΕΩΣ. Poseidon assis à g., drapé, tenant le sceptre et un aplustre ; à g., Ρ et Ι ; à dr. ⊬P. Grènetis.

Æ 28. — Tétradrachme, 17 gr. 15.

1693. Niké debout à g. sur une proue de navire, sonnant de la trompette.

℞. ΔΗΜΗΤΡΙΟΥ ΒΑΣΙΛΕΩΣ. Poseidon nu, debout à g., brandissant le trident, une draperie enroulée sur le bras g. ; A g., A ; à dr. Ⓐ.

Æ 17. — Drachme, 4 gr. 08.

1694. Tête d'Athéna à dr., coiffée du casque à panache.

℞. ΒΑ. Proue de galère ; à g., hache à deux tranchants ; en dessous, Ρ.

Æ 15. — 2 gr. 82.

1695. Autre exemplaire.

Æ 15. — 2 gr. 24.

ANTIGONE GONATAS

(277-239 av. J.-C.).

1696. Tête de Poseidon à dr., barbu, les cheveux longs, couronné d'un rameau de plante marine. Grènetis.

℞. **ΒΑΣΙΛΕΩΣ ΑΝΤΙΓΟΝΟΥ**· Apollon nu, assis à g. sur une proue de galère, tenant l'arc de la main dr. ; au-dessous, trident, et *R*.

Æ 30. — Tétradrachme, 17 gr. 05. (La pièce est percée d'un trou.)

Cf. *Cat.* Weber, pl. LXXXIV, n. 2190 ; Macdonald, *Cat.* Hunter, p. 340, n. 2.

Le type du revers est une allusion à la victoire remportée par Antigone sur les Égyptiens, près de Cos, en 265 av. J.-C. Imhoof-Blumer, *Mon. gr.*, p. 128.

1697. Même description, avec au revers le monogr. ᛗ.

Æ 33. — Tétradrachme, 17 gr. 06.

Cf. *Cat.* Weber, pl. LXXXIV, n. 2191 ; Hunter, *l. c.*, p. 340, n. 1. Pl. XXIII, 18.

1698. Tête de Pan à g., imberbe, cornu, le pedum à l'épaule, au centre d'un bouclier macédonien.

℞. **ΒΑΣΙΛΕΩΣ ΑΝΤΙΓΟΝΟΥ**· Athéna Promachos à g., brandissant le foudre ; à g., casque empanaché de face ; à dr., ⋈.

Æ 32. — Tétradrachme, 17 gr. 05.

Cf. *Cat.* H. Weber, pl. LXXXIV, n. 2193.

Traité, I, 1, p. 485. Cf. les pièces, frappées à Athènes, connues sous le nom de Τετράδραχμα 'Αντιγόνεια, qui ont en symbole le *calathos*.

L'épisème du bouclier figurant au droit, commémore la terreur *panique* des Celtes battus par Antigone à Lysimachie, en 277 av. J.-C. Cf. Imhoof-Blumer, *Mon. gr.*, p. 128, n. 21 et Usener, *Rhein. Museum f. Philologie*, n. F., vol. XXIX, p. 43-47.

1699. Tête d'Athéna à dr., coiffée du casque corinthien à panache. Grènetis.

℞. **ΒΑ** ?. Pan à dr., érigeant un trophée ; en bas, *AV.* [ANTI]

Æ 20. — 6 gr. 60.

Usener, *loc. cit.*

1700. Bouclier macédonien ; au centre, ⋈.

℞. **ΒΑ ΣΙ**. Casque à panache, de face.

Æ 16. — 3 gr. 65.

PHILIPPE V
(220-179 av. J.-C.).

1701. Tête de Philippe, à dr., barbu, diadémé.

℞. ΒΑΣΙΛΕΩ[Σ] ΦΙΛΙΠΠΟΥ· Héraclès nu, imberbe, debout de face, la tête à g., tenant la massue et la peau de lion, et un rhyton.

N̄ 18. — Statère, 8 gr. 59.

Ce magnifique statère est sans doute une pièce unique.

1702. Tête de Persée barbu, à g., portant un bonnet ailé de forme phrygienne, dont la pointe se termine en tête de griffon, la harpê à l'épaule, le tout au centre d'un bouclier macédonien.

℞. ΒΑΣΙΛΕΩΣ ΦΙΛΙΠΠΟΥ et massue dans une couronne de chêne, avec les monogr. Ⱃ, Ƨ et W ; à l'ex., harpê.

Ѧ 34. — Tétradrachme, 16 gr. 97.

Au sujet de ces pièces au type de Persée, et de l'adoption de ce type par Philippe V, voy. A. J. Reinach, *Journ. intern. d'archéol. numism.*, 1913, p. 119 et ss.

1703. Tête de Philippe à dr., barbu, diadémé.

℞. ΒΑΣΙΛΕΩΣ ΦΙΛΙΠΠΟΥ. Athéna; Promachos à g., brandissant le foudre ; à g., ƧP et EP.

Ѧ 32. — Tétradrachme, 61 gr. 75.

1704. Même tête à dr.

℞. ΒΑΣΙΛΕΩΣ ΦΙΛΙΠΠΟΥ. Massue dans une couronne de chêne, avec les monogrammes Ⱦ, Δ et Ⱶ ; à l'ex., trident.

Ѧ 25. — Didrachme, 8 gr. 36.

1705. Autre exemplaire.

Ѧ 24. — Didrachme, 8 gr. 35.

1706. Même tête à dr.

℞. ΒΑΣΙΛΕΩΣ ΦΙΛΙΠΠΟΥ. Massue dans une couronne de chêne, avec les monogr. Ⱦ, Ǎ et Ꜹ ; à l'ex., foudre.

Ѧ 20. — Drachme, 4 gr. 11.

1707. Tête d'Hélios radié à dr.

℞. ΒΑΣΙΛΕΩΣ ΦΙΛΙΠΠΟΥ· Foudre, dans une couronne de chêne ; en haut, ⱭΔ(?).

Æ 28. — 11 gr. 73.

1708. Tête du héros Persée à dr., coiffé d'un bonnet ailé, la harpè à l'épaule.

R⫣. **BA Φ**. Aigle à g., les ailes soulevées.

Æ 23. —⸱8 gr. 72.

1709. **MA KE** et massue, au centre d'un bouclier macédonien.

R⫣. Casque macédonien à g. ; **ᴁ**, **Ⲧ** et [**ᴍᴇ**] ; à dr., trépied.

Ꞃ 15. — Tétrobole, 2 gr. 50.

> Ces pièces et les suivantes, sans nom de roi, furent frappées par les sujets de Philippe V, au nom du peuple tout entier, en 185 av. J.-C. Voy. H. Gaebler, *Zeitschr. f. Num.*, XX, 169, et *Die antike Münzen Nord. Griechenlands*, III, s. pl. I, n. 1.

1710. Même description.

R⫣. Même description, **ᴁ**, **Ⲧ** et **ᴍᴇ**.

Ꞃ 16. — Tétrobole, 2 gr. 50.

1711. Tête de Poseidon à dr., le trident à l'épaule.

R⫣. **MAKE ΔONΩN** et massue, dans une couronne de chêne, avec le monogr. **Ⲧ** et **ℿ**.

Æ 24. — 9 gr. 58 (les bords de la pièce sont en dents de scie).

> H. Gaebler, *op. cit.*, pl. I, 28.

PERSÉE

(*178-168 av. J.-C.*).

1712. Tête de Persée barbu, diadémé, à dr. Sous la tranche du cou, **ⲊΩIΛ**...

R⫣. **ΒΑΣΙΛΕΩΣ ΠΕΡΣΕΩΣ**. Aigle à dr., debout sur un foudre, les ailes soulevées, le tout dans une couronne de chêne ; dans le ch., **Σ** et **⊞** ; à l'ex., étoile.

Ꞃ 34. — Tétradrachme, 16 gr. 80.

> Zoïlos serait le nom du graveur de cette pièce. Voy. A. J. Reinach, *Journ. Intern. Arch. Num.*, 1913, p. 129.

1713. Même tête à dr.

R⫣. **ΒΑΣΙΛΕΩΣ ΠΕΡΣΕΩΣ**. Aigle debout à dr., sur un foudre, le tout dans une couronne de chêne, avec les monogr. **Ⲧ** et **⌐∘⌐** ; au-dessous du foudre, **Ɫ** ; à l'ex., charrue.

Ꞃ 33. — Tétradrachme, 16 gr. 92.

1714. Même tête à dr.

    ℞. ΒΑΣΙΛΕΩΣ ΠΕΡΣΕΩΣ. Harpê, dans une couronne de chêne, avec le monogr. Œ, A et N ; à l'ex., étoile.

    Ꞧ 26. — Didrachme, 7 gr. 63.

        A. J. Reinach, *loc. cit.*, n. 3.

ADAEUS

(*vers 200 av. J.-C.*).

1715. Tête de sanglier à dr.

    ℞. ΑΔΑΙ-ΗΡΣ. Fer de lance.

    Æ 13. — 1 gr. 75.

        Berlin, *Beschr.*, p. 91, n. 12.

ROIS DE PÉONIE

LYCCEIUS

(*359-340 av. J.-C.*).

1716. Tête d'Apollon lauré à dr., les cheveux longs.

    ℞. ΛΥΚΚΕΙ ΟΥ. Héraclès nu, debout à g., luttant avec le lion ; dans le ch., à dr., l'arc et la massue ; sur la crinière du lion, la lettre Γ.

    Ꞧ 25. — Tétradrachme, 12 gr. 40 (la pièce est trouée).

        Hist. Num., p. 236, fig. 148. Cf. Berlin, *Beschr.*, II, p. 1, n. 1. Avec la même lettre sur la crinière du lion, Brit. Mus., *Cat.*, n. 1 ; Coll. Jameson, *Cat.*, n. 1019.

PATRAUS

(*340-315 av. J.-C.*).

1717. Tête d'Apollon lauré à dr., les cheveux courts.

    ℞. ΓΑΤΡΑΟΥ. Cavalier en armes, au galop à dr., perçant de sa lance un ennemi renversé à terre ; dans le ch., à g., M.

    Ꞧ 26. — Tétradrachme, 12 gr. 74.

AUDOLÉON
(315-286 av. J.-C.).

1718. Tête d'Athéna de trois quarts à dr., coiffée d'un casque à triple panache. Grènetis.

℞. AYΔΩΛΕ·N TOΣ. Cheval nu au pas à dr.; sous le ventre, 𝒜. Grènetis.

Æ 23. — Didrachme, 7 gr. 50.

Cf. Berlin, *Beschr.*, p. 5, n. 34.

1719. Tête d'Athéna à dr., coiffée d'un casque corinthien.

℞. AYΔΩΛΕ·NT·Σ. Cheval comme ci-dessus; à dr., 𝒜.

Æ 18. — Didrachme, 6 gr. 25.

1720. Même tête de trois quarts à g.

℞. AYΔΩΛΕΟ NTOΣ. Cheval comme ci-dessus; sous le ventre, A·

Æ 15. — Drachme, 2 gr. 70.

Cf. *Cat.* H. Weber, Pl. LXXXVI, n° 2243.

1721. Tête d'Athéna de trois quarts à g., casquée.

℞. AYΔΩΛΕοNTοΣ. Protomé de cheval à dr.; sous le ventre Υ.

Æ 13. — Drachme, 2 gr. 05.

Cf. *Cat.* H. Weber, Pl. LXXXVI, n° 2244.

BOTTIÉE (ÉMATHIE)
(vers 185-168 av. J.-C.).

1722. Bouclier macédonien, avec au centre une roue aux rayons en forme de croissants.

℞. BOTTEATΩN sur une proue de galère à dr.; au-dessus, massue; en bas, I (?) [ΔI]

Æ 15. — 2 gr. 75.

Cf. Berlin., *Beschr.*, p. 68, n. 1.
Cf. *Cat.* H. Weber, pl. LXXXVII, n. 2262.

1723. Même description.

℞. [B]OTTEATΩN sur une proue de galère à dr.; au-dessous, Θ E·

Æ 13. — 1 gr. 65.

Berlin, *Beschr.*, p. 68, n. 3; Brit. Mus., *Cat.*, p. 64, n. 3.

THESSALONIQUE
(*Époque impériale*).

1724. **ΚΑΙΣΑΡ[Σ]ΕΒΑΣΤΟΣ**. Tête imberbe d'Auguste à dr. Grènetis.
℞. **ΘΕΣΣΑΛΟΝΙΚΕΩΝ** dans une couronne de laurier. Grènetis.
Æ 22. — 8 gr. 22.
> Cf. Berlin, *Beschr.*, p. 143, n. 102.

1725. **[ΘΕΣΣΑΛΟ]ΝΙΚΕΩΝ**. Buste de femme tourelée à dr.
℞. **ΚΑΒΙΡΟC**. Cabire debout, tenant le rhython et le maillet. Grènetis.
Æ 24. — 11 gr. 55.

1726. Tête janiforme, barbue.
℞. **[ΘΕΣΣΑ]ΛΟΝΙΚΗΣ**. Les Dioscures à cheval, en sens opposé.
Æ 25. — 12 gr. 30.
> Cf. *Cat*. H. Weber, pl. LXXXVIII, n. 2289.

MACÉDOINE SOUS LES ROMAINS
(*158-149 av. J.-C.*).

1727. Tête d'Artémis à dr., le carquois et l'arc à l'épaule, au centre d'un bouclier macédonien.
℞. **ΜΑΚΕΔΟΝΩΝ ΠΡΩΤΗΣ** et massue, au centre d'une couronne de chêne,
avec le monogr. ⊦Ρ ; à l'ex., foudre (?).
Æ 32. — Tétradrachme, 16 gr. 95.
> H. Gaebler, *Die antiken Münzen Nord-Griechenlands*, t. III, p. 55, n. 162.

(*93-92 av. J.-C.*).

1728. **[CÆ. PR. MAK]ΕΔΟΝΩΝ**. Tête d'Alexandre le Grand à dr., avec les cornes
d'Ammon, les cheveux flottants ; à g., ☉.
℞. **AESILLAS Q**. Massue, entre une caisse d'argent (*fiscus*) et une chaise de
questeur, le tout dans une couronne d'olivier.
Æ 33. — Tétradrachme, 16 gr. 90.
> H. Gaebler, *op. cit.*, pl. III, n. 1 ; Berlin, *Beschr.*, p. 21, n. 1.

(Époque impériale.)

1729. **ΑΛΕ ΞΑΝΔΡΟΥ**. Tête diadémée d'Alexandre, imberbe, les cheveux flottants, à dr. Grènetis.

℞. **KOINON MAKEΔONΩN ΔIC NEΩ**. Alexandre en armes brandissant un javelot, sur un cheval au galop à dr. Grènetis.

Æ 28. — 13 gr. .63.

INCERTAINES DE MACÉDOINE

1730. Pégase au galop vers la dr. Sous le ventre, fleur à trois pétales. Grènetis.

℞. Carré creux quadripartit.

 Æ 15. — Tétrobole, 2 gr. 40.

E. Babelon, *Traité*, n. 1817.

1731. Motif décoratif composé de quatre fleurons réunis par la tige à une petite rosace centrale, et séparés par des globules. La place d'un cinquième fleuron est occupée par une petite tête barbue, à g., de style archaïque. Grènetis.

℞. Motif décoratif à quatre lobes séparés par des palmettes, autour d'un globule central. Le tout dans un carré creux.

Æ 18. — Didrachme euboïque, 8 gr. 56.

On a classé des pièces analogues à la Cyrénaïque, mais le lieu de leur découverte rend plus vraisemblable leur attribution à la région de Thessalonique. Voy. Svoronos, *L'hellénisme primitif de la Macédoine*, p. 133, n. 16, et pl. XVI, n. 45 ; E. Babelon, *Traité*, n. 1850. Le motif que reproduit le type de ces pièces serait la rose symbolique du Pangée.

1732. Tête de Pallas à g., coiffée d'un casque attique à panache. Grènetis.

℞. Tête barbue à dr., dans un carré linéaire, le tout dans un carré creux.

Æ 11. — 0 gr. 71.

EPI-THRACE

ORRESKIENS

(avant 480 av. J.-C.).

1733. ИΟΙΧΖΗЯ... (lég. rétrograde : **ΩPHΣKION**). Centaure au galop à g., emportant une Ménade. La nymphe est vêtue d'un long chiton à manches courtes.

℞. Carré creux quadripartit.

Æ 21. — Statère, 29 gr. 32. (La pièce est cisaillée).

> Imhoof-Blumer, *Mon. gr.*, p. 85 ; E. Babelon, *Traité*, p. 1063, n. 1472 ; Svoronos, *L'hellénisme primitif*, p. 57, n. 17.

1734. Même description que ci-dessus. Sous le centaure, globule.

℞. Carré creux quadripartit.

Æ 19. — Statère, 9 gr.

> E. Babelon, *loc. cit.*, n. 1471 ; Svoronos, *op. cit.*, p. 58, n. 20.

1735. [Ω]ᚱHSKION. Cavalier marchant à pied, à dr., revêtu de la tunique et portant la *kausia*, menant par la bride un cheval qui bondit.

℞. Carré creux, divisé diagonalement en triangles.

Æ 19. — Statère, 9 gr. 60.

> Brit. Mus., *Cat.*, p. 146 ; E. Babelon, *loc. cit.*, n. 1467 ; Svoronos, *op. cit.*, p. 57, n. 15.

BISALTES

(vers 500-480 av. J.-C.).

1736. Guerrier nu, portant deux lances, coiffé de la *kausia*, marchant à g. d'un cheval bridé, au pas à dr. Grènetis.

℞. Carré creux divisé par un croisillon central.

Æ 32. — Octodrachme, 28 gr. 05.

> E. Babelon, *Traité*, p. 1075, n. 1496 ; Svoronos, *L'hellénisme primitif*, p. 108, n. 16.

1737. Même description (fruste). Le guerrier est nu-tête.

Æ 17. — Tétrobole, 3 gr. 92.

> Svoronos, *L'hellénisme primitif*, p. 107, n. 9 ; *Traité*, p. 1075, n. 1497.

1738. Même type. Dans le ch., à g., feuille de lierre (?).

℞. **ΜΟΣ-ΣΕΩ** dans un carré incus, au centre duquel se trouve un carré en relief, quadripartit.

Æ 16. — Drachme, 3 gr. 96.

> Brit. Mus., *Cat.*, p. 143 ; E. Babelon, *Traité*, p. 1070 et p. 1071, n. 1485. Mossès était vraisemblablement un roi ou un dynaste des Bisaltes ou des Édoniens, qui régna vers 500-480, et qui n'est connu que par ses monnaies. Svoronos, *op. cit.*, p. 115, n. 3.

DERRONES

(avant 480 av. J.-C.).

1739. **ΔERRONIKOϺ**. Deux bœufs à g., sous le joug, attelés à un chariot dont on aperçoit la roue à dr. Dans le champ, deux cercles centrés, à dr. et à g. Grènetis.

℞. Carré creux quadripartit ; les lignes creuses reproduisent la forme d'un svastika.

Ⱥ 30. — Décadrachme, 34 gr. 50.

> E. Babelon, *Traité*, p. 1043, n. 1445. La légende est à compléter ainsi : Δερρωνικός ἄργυρος. Voy. Svoronos, *J..I.A.N.*, 1913, p. 193 et ss. *L'hellénisme primitif*, p. 5, n. 1. Les cercles du revers figurent peut-être le bouclier macédonien.

1740. Homme barbu, coiffé de la *kausia*, assis dans un chariot attelé de deux bœufs sous le joug, au pas à dr. ; dans le ch., en haut, casque corinthien à panache, à dr. Grènetis.

℞. Triskèle ; au milieu, cercle centré.

Ⱥ 37. — Décadrachme, 34 gr. 35.

> E. Babelon, *Traité*, p. 1046, n. 1449 ; Svoronos, *L'hellénisme primitif*, p. 8, n. 13.

THRACE

ABDÈRE

(*vers 544-512 av. J.-C.*).

1741. Griffon assis à g., levant une patte de devant ; il a le bec ouvert, les ailes membraneuses et arrondies ; derrière, globule.

℞. Carré creux partagé par un croisillon central.

Æ 29. — Octodrachme phénicien, 30 gr. 10.

> E. Babelon, *Traité*, p. 1203, n. 1752 ; Imhoof-Blumer, *Die antiken Münzen Nord Griechenlands. Thrakien* (M. L. Strack), p. 45, n. 12. Svoronos (*L'hellénisme primitif*, p. 62, n. 4) attribue cette pièce aux Sapaiens ou Diens.

1742. Griffon assis à g., comme ci-dessus ; les ailes sont recroquevillées et les pennes sont indiquées.

℞. Carré creux partagé par un croisillon central.

Æ 21. — Tétradrachme, 14 gr. 80.

> *Traité*, p. 1207, n. 1763 ; Svoronos, *op. cit.*, p. 63, n. 7.

(*512-478 av. J.-C.*).

1743. HPOK. Griffon assis à g., le bec ouvert, la patte dr. levée ; devant, petite tête de nègre à g. Grènetis.

℞. Carré creux partagé par un croisillon central.

Æ 28. — Tétradrachme, 14 gr. 80.

> Strack, p. 48, n. 23 ; *Nomisma*, t. III, pl. I, 10 ; cf. Brit. Mus., *Cat.*, p. 65, n. 2.

1744. ΔEO. Griffon assis à g., la patte levée ; les ailes sont membraneuses. Grènetis.

℞. Carré creux partagé par un croisillon central.

Æ 16. — Drachme, 3 gr. 33.

> Strack, p. 51, n. 36 ; Brit. Mus., *Cat.*, p. 66, n. 10.

1745. [H]ΓH. Même description, double ligne de terre, pas de grènetis.
℞. Comme ci-dessus.
Æ 18. — Drachme, 3 gr. 15.

Strack, p. 51, n. 37; Brit. Mus., *Cat.*, p. 66, n. 13.

1746. Griffon assis à g., la patte levée, les ailes membraneuses.
℞. Dépouille d'une tête de lion, de face, dans un carré creux.
Æ 12. — Triobole, 1 gr. 65.

Strack, p. 53, n. 41.

1747. Même description.
℞. Tête et cou de taureau à dr., dans un carré creux.
Æ 12. — Triobole, 1 gr. 53.

Strack, p. 53, n. 42.

(478-450 av. J.-C.).

1748. Griffon assis à g., la patte levée, les ailes recroquevillées ; les pennes sont figurées ;
à g., poule à dr. Grènetis.
℞. ΕΠ ΗΡΟΔΟΤΟ dans un carré creux, autour d'un carré plus petit, en relief.
Æ 27. — Tétradrachme, 15 gr. 05.

Strack, p. 56, n. 50; Brit. Mus., *Cat.*, p. 67, n. 21.

1749. ΚΑΛΛΙΔΑΜΑΣ. Griffon assis à g., la patte levée, les ailes comme ci-dessus. Au-dessous des pieds, poisson à g.
℞. ΑΒΔΗΡΙΤΕΩΝ dans un carré creux, autour d'un carré linéaire plus petit, partagé par un croisillon central.
Æ 27. — Tétradrachme, 14 gr. 80.

Strack, p. 59, n. 61 ; Brit. Mus., *Cat.*, p. 67, n. 19.

(450-425 av. J.-C.).

1750. Griffon bondissant à g., les ailes soulevées ; les pennes sont figurées.
℞. ΑΝΑΞΙΠΟΛΙΣ dans un carré creux. Au centre, carré linéaire, dans lequel se trouve un Dionysos barbu, debout à g., couronné, la poitrine nue, vêtu d'une longue robe, tenant une phiale.
Æ 23. — Tétradrachme, 14 gr. 25.

Strack, p. 62, n. 69.

1751. Même description.

R̸. **EKATAI[O]Σ**. Aigle volant à g., les ailes étendues en haut et en bas, dans un carré linéaire. Le tout dans un carré creux.

Æ 25. — Tétradrachme, 13 gr. 70.

Strack, p. 63, n. 74.

1752. Même description.

R̸. Légende illisible [**EΓI HPOΦANEOΣ**]. Tête d'Hermès à g., coiffé du pétase. A g., caducée. Le tout dans un carré creux.

Æ 15. — Drachme, 2 gr. 28.

Strack, p. 75, n. 111 ; Brit. Mus., *Cat.*, p. 71, n. 41.

1753. Griffon, comme ci-dessus, sur un chapiteau ionique. Dans le ch., à g., **AB[Δ]**.

R̸. **EΓ ΦIΛΛ**. Hermès debout à dr., vêtu de la chlamyde et coiffé du pétase, tendant en avant la main g., tenant un bâton dans la main dr. A dr., en bas, astragale.

Æ 16. — Drachme, 2 gr. 55 (la pièce est percée d'un trou, et mutilée).

Strack, p. 79, n. 125 ; Brit. Mus., *Cat.*, p. 71, n. 46.

1754. Griffon bondissant à g.

R̸. [**Γ]PΩT[HΣ]**. Tête et cou de taureau à g., dans un carré creux.

Æ 12. — Triobole, 1 gr. 35.

Strack, p. 80, n. 129.

1755. Même type.

R̸. **KΛE ИA**. Tête de bélier à dr., dans un carré creux.

Æ 12. — Triobole, 1 gr. 40.

Strack, p. 81, n. 132.

(400-390 av. J.-C.).

1756. [**E]ΓI XAPMO**. Griffon bondissant à g.

R̸. [**A]BΔHPIT**… Tête d'Apollon laurée à g., les cheveux courts, dans un carré linéaire.

Æ 17. — Drachme, 2 gr. 60.

Strack, p. 87, n. 144 ; Brit. Mus., *Cat.*, p. 72, n. 58.

(390-352 av. J.-C.).

1757. **ABΔHPITEΩN**. Griffon couché à g., la patte dr. levée.
℞. **EΓI ΔIONYΣAΔOΣ**. Tête d'Apollon à dr., laurée, les cheveux courts.
Æ 24. — Tétradrachme, 9 gr. 92.

> Strack, p. 89, n. 149 ; Brit. Mus., *Cat.*, p. 74, n. 72.

1758. **ABΔ** Même type.
℞. **··ΑΛΕΩ[Σ] (ΕΠΙ ΑΙΓΙΑΛΕΩΣ)**. Tête d'Apollon à dr. dans un carré linéaire.
Æ 15. — Drachme, 2 gr. 52.

> Strack, p. 92, n. 160; Brit. Mus., *Cat.*, p. 73, n. 70.

1759. **ABΔ···ITEΩN**. Même type.
℞. **EΓI EYPH[ΣI]ΓΓOY**. Tête d'Apollon, comme ci-dessus.
Æ 16. — Drachme, 2 gr. 35.

> Strack, p. 94, n. 165 ; Brit. Mus., *Cat.*, p. 73, n. 63.

AENUS

(478-450 av. J.-C.).

1760. Tête d'Hermès à dr., imberbe, coiffé du pétase rond à petits bords, bordé d'un rang de globules.
℞. **AINI**. Bouc debout à dr. A dr., un trône sur lequel est placé un Hermès barbu tourné vers la dr. Carré creux.
Æ 25. — Tétradrachme, 16 gr. 20.

> Strack, p. 156, n. 259; Brit. Mus., *Cat.*, p. 77, n. 3.

(412-365 av. J.-C.).

1761. Tête d'Hermès de trois quarts à g., coiffé du pétase rond, bordé d'un rang de globules, les cheveux flottants.
℞. **AINION**. Bouc debout à dr. ; à dr., aigle à dr., les ailes fermées.
Æ 26. — Tétradrachme, 14 gr. 90 (le flan est coupé net d'un coup de cisaille).

> Strack, p. 175, n. 318.

1762. Tête d'Hermès comme ci-dessus.

R⁄. **AINION.** Bouc debout à dr.; devant lui, une amphore à panse pointue; sous le ventre du bouc, astragale.

Æ 25. — Tétradrachme, 15 gr. 25.

> Strack, p. 178, n. 331.
> Cf. Gardner, *Num. Chron.*, 1886, p. 250, n. 8 (pl. IX. 4).

(365-341 av. J.-C.).

1763. Tête d'Hermès de trois quarts à dr., coiffé d'un pétase à bords larges et souples. Grènetis.

R⁄. **AINION.** Hermès barbu, tourné vers la g., placé sur un trône à dossier. Le bras du siège est constitué par une tige dont l'extrémité se termine par une tête de bélier qui repose sur un sphinx. A g., épi de blé.

Æ 17. — Drachme, 3 gr. 60.

> Strack, p. 186, n. 363 ; Brit. Mus., *Cat.*, p. 80, n. 23.

APOLLONIA PONTICA
(après 400 av. J.-C.).

1764. Tête laurée d'Apollon, de face.

R⁄. Ancre. A g., **A**, à dr., écrevisse en diagonale. A g., **OI**.

Æ 11. — Diobole, 1 gr. 15.

> Imhoof-Blumer (*Mon. gr.*, p. 236, n. 39) plaçait cette pièce à Astacos, conformément à l'opinion de Töpffer qui attribuait ce monnayage à la confédération des îles d'Astacos, Ankore et Apollonia. Imhoof est revenu sur cet avis dans le *Journ. int. d'Arch. Num.*, 1898, p. 12, où il se montre partisan du classement à Apollonia du Rhyndacus. Cf. Brit. Mus., *Cat. (Mysie)*, p. 9, n. 15. Les monnaies de ce type ont été définitivement classées par Tacchella (*Rev. Num.*, 1898, p. 210); cf. *Zeitschr. f. Num.*, XV, p. 38.

BYZANTIUM
(vers 416-357 av. J.-C.).

1765. ΥꞀΥ. Vache debout à g., sur un dauphin.

R⁄. Carré creux en aile de moulin.

Æ 16. — Drachme, 5 gr. 30.

> Brit. Mus., *Cat.*, p. 93. ΥꞀ est la forme corinthienne du B.

(vers 221 av. J.-C.).

1766. Tête de Démèter voilée à dr., couronnée d'épis.

℞. ΕΠΙ ΜΕΝΙΣΚΟΥ. Poseidon demi-nu, assis à dr. sur un roc, tenant un trident et un aplustre. Dans le ch., à dr., ΥΙ et Œ.

Æ 27. — Tétradrachme phénicien, 13 gr. 55.

> Brit. Mus., *Cat.*, p. 95, n. 25.

DICAEA

(vers 500-480 av. J.-C.).

1767. Tête d'Héraclès, à dr., barbu, coiffé de la peau de lion. Grènetis.

℞. Tête et cou de taureau à g., la tranche du cou bordée d'un grènetis ; le tout dans un carré creux.

Æ 20. — Statère, 7 gr. 30.

> Cf. Brit. Mus., *Cat.*, p. 115, n. 3 (avec la légende ΧΙΔ au revers).

MARONÉE

(avant 500 av. J.-C.).

1768. Protomé de cheval s'élançant à g., les deux jambes repliées.

℞. Carré creux divisé par un croisillon central.

Æ 12. — Triobole, 1 gr. 76.

> E. Babelon, *Traité*, p. 1218, n. 1779 ; cf. Brit. Mus., *Cat.*, p. 123, n. 1-3.

(500-450 av. J.-C.).

1769. ΜΑΡΩ. Même description. Grènetis.

℞. Carré creux occupé par une rosace à quatre grands pétales, séparés par trois folioles.

Æ 17. — Drachme, 3 gr. 55.

> E. Babelon, *Traité*, p. 1219, n. 1785 ; Brit. Mus., *Cat.*, p. 123, n. 4 ; Berlin, *Beschr.*, p. 176, n. 8.

1770. **MAP**. Même description.

R̸. Tête de bélier à g., dans un carré creux bordé d'un grènetis.

Æ 17. — Drachme, 3 gr. 70.

> Acquise de Rollin, 1859.
> E. Babelon, *Traité*, p. 1219, n. 1787 ; Berlin, *Beschr.*, p. 176, n. 11.

1771. **MAP**. Même description, avec deux globules dans le ch., à dr. et à g.

R̸. Même description, avec **AΘH**.

Æ 17. — Drachme, 3 gr. 70.

> Acquise de Rollin, 1859.
> **AΘH** est le début d'un nom de magistrat. Brit. Mus., *Cat.*, p. 124, n. 8.

(450-400 av. J.-C.).

1772. **[MAPΩN]**. Cheval nu bondissant à g. ; au-dessus, étoile. Grènetis.

R̸. **ЕГІ МНТРОΔΟΤΟ** dans un carré creux, autour d'un carré linéaire, au centre duquel est figuré un cep de vigne portant cinq grappes de raisin.

Æ 26. — Tétradrachme, 13 gr. 90.

> Cf. Brit. Mus., *Cat.*, p. 124, n. 11 (avec un canthare en symbole) ; Berlin, *Beschr.*, p. 178, n. 26 et ss. avec différents symboles.

(vers 400-350 av. J.-C.).

1773. Cheval bondissant à g. ; la bride est rompue et traîne à terre ; en bas, trident.

R̸. **ЕГІ[ΙΗ]NΩNOΣ**, dans un carré creux comme ci-dessus ; au centre, cep de vigne à quatre grappes.

Æ 25. — Statère, 10 gr. 20.

> Brit. Mus., *Cat.*, p. 125, n. 21.

1774. Protomé de cheval bondissant à g. ; à g., **A**.

R̸. **MA** et grappe de raisin, dans un carré creux bordé d'un grènetis.

Æ 13. — Triobole, 2 gr. 73.

1775. Protomé de cheval bondissant à dr. ; dans le ch., **ЕГ** (?).

R̸. **ЕГІ** et grappe de raisin, comme ci-dessus.

Æ 14. — Triobole, 2 gr. 65.

1776. **MA PΩ**. Protomé de cheval bondissant à dr.

R̸. **ЕГІ ΑΡΙΣΤΟΛΕΩ** autour d'un carré de grènetis ; au centre, une grappe de raisin.

Æ 16. — Triobole, 2 gr. 80.

> Brit. Mus., *Cat.*, p. 127, n. 41.

1777. Cheval nu bondissant à g. ; au-dessous, astragale. Cercle au pourtour.

℞. ΑΣΗΒΗΣ et caducée, dans un carré creux, autour d'un carré linéaire ; au centre, cep de vigne portant quatre grappes de raisin.

Ⅎ 23. — 12 gr. 50.

1778. Cheval nu bondissant à dr.

℞. ΕΠΙ ΕΥΞΙΘΕΜΙΟΣ autour d'un carré linéaire occupé par un cep de vigne portant quatre grappes de raisin.

Ⅎ 25. — Statère, 11 gr. 05.

Provient de la coll. Dupré.

1779. Cheval bondissant à dr. Au-dessous, ℞.

℞. ΜΑΡΩΝΙΤΩΝ Ė autour d'un carré linéaire occupé par un cep de vigne portant quatre grappes de raisin.

Æ 15. — 3 gr. 90.

Brit. Mus., *Cat.*, p. 129, n. 65 ; Berlin, *Beschr.*, p. 185, n. 81.

(*après 148 av. J.-C.*).

1780. Tête de Dionysos à dr., imberbe, couronné de lierre, les cheveux flottant sur le cou, formant une grosse torsade sur la tempe, et retenus par un bandeau sur le front.

℞. ΜΑΡΩΝΙΤΩΝ ΔΙΟΝΥΣΟΥ ΣΩΤΗΡΟΣ. Dionysos nu, debout de face, tête à g., tenant une grappe de raisin, et deux baguettes, sa chlamyde drapée sur l'avant-bras g. A g., ⌐o⌐ ; à dr., ΛΕ.

Ⅎ 32. — Tétradrachme, 15 gr. 21.

Provient de la coll. Dupré.
Berlin, *Beschr.*, p. 283, n. 64.

1781. Même tête à dr.

℞. [Μ]ΑΡΩΝΙΤΩΝ ΔΙΟΝΥΣΟΥ ΣΩΤΗΡΟΣ. Même description. A g., ΒΥ.

Æ 25. — 11 gr. 10.

Brit. Mus., *Cat.*, p. 130, n. 74.

CHERSONNÈSE DE THRACE

(vers 480-350 av. J.-C.).

1782. Protomé de lion bondissant à dr. et détournant la tête.
℞. Carré creux quadripartit. Dans l'un des compartiments, une abeille.
Ⱥ 13. — 2 gr. 37.

> Berlin, *Beschr.*, p. 254, n. 49. On a parfois placé ces pièces à Cardia, dans la Chersonnèse.

AEGOS-POTAMOS

(vers 300 av. J.-C.).

1783. Tête de Déméter à g., coiffée d'un *calathos* couronné et ornementé ; boucles d'oreilles à triple pendentif. Grènetis.
℞. ΑΙΓΟΣ ΠΟ. Chèvre debout à g., sur une base.
Æ 20. — 8 gr. 16.

> Brit. Mus., *Cat.*, p. 187, n. 2.

LYSIMACHIA

(vers 309-281 av. J.-C.).

1784. Tête de lion à dr., la gueule ouverte, la crinière flottant par derrière. Grènetis.
℞. Tête d'Athéna à dr., coiffée d'un casque corinthien à panache, parée d'un collier.
Ⱥ 11. — 0 gr. 72.

OLBIA

(IIIᵉ siècle av. J.-C.).

1785. Tête barbue et cornue de dieu-fleuve à g. (le Borysthène).
℞. ΟΛΒΙΟ. Arc dans un étui ; à g., hache à long manche ; dans le ch., à g., Ⱶ.
Æ 23. — 10 gr. 81.

> Berlin, *Beschr.*, p. 24, n. 94 ; Brit. Mus., *Cat.*, p. 11, n. 7.

TOMI

(*Époque romaine*).

1786. **TOMOC KTICTHC**. Buste barbu de Tomos, diadémé et drapé, à dr. Grènetis.
℞. **TOMEITΩN**. Grappe de raisin. Grènetis.
Æ 18. — 3 gr. 48.

> Provient de la coll. Dupré.
> Brit. Mus., *Cat.*, p. 55, n. 8.

ODESSUS

(*après 200 av. J.-C.*).

1787. Tête barbue à dr., du « grand dieu » d'Odessus, les cheveux retenus par la *taenia*, retombant en longues boucles sur la nuque.
℞. **ΘΕΟΥ ΜΕΓΑΛΟΥ**. Personnage barbu, « le grand dieu », debout à g., drapé, tenant une corne d'abondance et une phiale. A g., **ΟΔΗ**. En bas, **ΚΥΡΣΑ**.
Ɍ 32. — Tétradrachme, 16 gr. 55.

> Head, *Hist. Num.*, p. 276, fig. 167. Le nom thrace **ΚΥΡΣΑ** est celui d'un magistrat.

1788. Tête d'Apollon à dr., les cheveux longs, formant un bourrelet retenu par une *taenia*.
℞. **[ΟΔΗ]ΣΙΤΩΝ** sur un listel. Le grand dieu couché à g., tenant une corne d'abondance et une phiale. Au haut, dans le ch., amphore.
Æ 15. — 3 gr. 65.

CHERSONNÈSE TAURIQUE

PANTICAPÉE

(*V*ᵉ *s. av. J.-C.*).

1788 *bis*. Dépouille d'une tête de lionne vue de face.
℞. **A-Γ-O-Λ** dans les quatre compartiments d'un carré creux divisé par un croisillon central.

Æ 13. — 1 gr. 53.

Provient de la coll. Dupré.

Imhoof Blumer, *Mon. gr.*, p. 42, n. 25 ; *Num. Chron.*, XI, 1449, p. 57 ; Brit. Mus., *Cat.*, p. 87, n. 2 (à Apollonia). E. Babelon, *Traité*, II, 1, p. 410. Panticapée aurait porté jusqu'au milieu du vᵉ s., le nom d'Apollonia.

1789. Dépouille d'une tête de lion, de face.

℞. ΓΑΝΤΙ. Tête de bélier à dr., dans un carré creux.

Æ 13. — 1 gr. 42.

Provient de la coll. Dupré.

1790. Dépouille d'une tête de lion, de face.

℞. Carré creux divisé par une barre transversale.

Æ 7. — 0 gr. 60.

(vers 350 av. J.-C.).

1791. Tête de Pan à g., avec des oreilles de cheval, barbu, les cheveux longs et hérissés.

℞. ΓΑΝ. Griffon ou panthère ailée, à cornes de chèvre, debout à g., la tête de face, la patte antérieure droite levée, broyant un trait dans sa gueule. A l'ex., épi de blé.

N 18. — Statère, 9 gr. 10.

Brit. Mus., *Cat.*, p. 4, n. 2.

1792. Tête de Pan à g., avec des oreilles de cheval, barbu, les cheveux longs, couronné de lierre.

℞. ΓΑΝ. Griffon à g., la tête de face, comme ci-dessus, sur un épi de blé qui sert de base.

N 22. — Statère, 9 gr. 10.

Brit. Mus., *Cat.*, p. 4, n. 3.

1793. Tête de Pan à g., barbu, les cheveux longs et hérissés.

℞. ΓΑΝ. Tête de taureau à g.

Æ 18. — 4 gr. 28.

1794. Tête imberbe de Pan à g., les cheveux longs, couronné de lierre.

℞. ΓΑΝ. Tête de lion à g., la gueule béante ; au-dessous, poissons.

Æ 20. — 7 gr. 07.

1795. Tête imberbe de Pan à dr., les cheveux longs.

℞. ΓAN TI. Arc dans son étui.

Æ 12. — 1gr. 83.

ILES DE THRACE

SAMOTHRACE

(vers 280 av. J.-C.).

1796. Tête de Pallas à dr., coiffée d'un casque corinthien à panache.

℞. [Σ] AMO- ΓYΘOK. Femme drapée, assise sur un trône, à g., tenant un sceptre et une patère.

Æ 19. — 4 gr. 95.

> Brit. Mus., *Cat.*, p. 215, n. 2.

1797. Tête de Pallas casquée, à dr.

℞. ΣAMO-AP[ΙΣ] YOИƎΞOT (la seconde partie de la légende rétrograde : ΣAMO· APIΣTOΞENOY). Protomé de bélier à dr.

Æ 17. — 4 gr. 15.

> Provient de la coll. Dupré.

THASOS

(550-463 av. J.-C.).

1798. Satyre ithyphallique courant vers la dr., emportant dans ses bras une Ménade ; le Satyre est nu, la barbe en pointe, avec de longs cheveux flottant sur ses épaules, il a des oreilles de cheval et des pieds de bouc ; la Ménade est vêtue d'une tunique talaire et étend les deux mains, ses cheveux flottent en deux tresses granulées.

℞. Carré creux quadripartit.

Ꝑ 23. — Statère, 9 gr. 28.

> E. Babelon, *Traité*, p. 1198, n. 1746 ; Svoronos, *L'hellénisme primitif*, p. 95, n. 4.

1799. Même description (style différent : le satyre a des pieds humains et une large barbe).

Æ 22. — Statère, 8 gr. 95.

Provient de la coll. Dupré.
E. Babelon, *ibid.*, n. 1746.

(*463-411 av. J.-C.*).

1800. Satyre emportant une Ménade, comme ci-dessus, mais il est chauve et a des pieds humains ; la Ménade a les cheveux relevés en chignon. A dr., dans le ch., **A**.

℞. Carré creux quadripartit.

Æ 22. — Statère, 8 gr. 75.

Acquis de Rollin, 1859.
Brit. Mus., *Cat.*, p. 218, n. 29.

(*411-350 av. J.-C.*).

1801. Tête de Dionysos barbu, à g., couronné de lierre, les cheveux flottant sur la nuque.

℞. ΘΑΣΙΟΝ. Héraclès à dr., barbu, coiffé de la peau de lion, vêtu d'une tunique, un genou en terre, et bandant son arc ; dans le ch., à dr., lyre. Carré linéaire et carré creux.

Æ 26. — Tétradrachme, 13 gr. 40.

Le type du revers est l'exacte reproduction d'un bas-relief trouvé à Thasos, et actuellement à Constantinople. Voy. F. Studniczka. *Altäre mit Grubenkammern*, in *Jahresh. d. österr. archäol. Inst.*, 1903, p. 185. Le bas-relief en question décora un autel d'Héraclès et de Dionysos.

1802. Même description.

℞. ΘΑΣΙΟΝ. Même description, avec en symbole une amphore. Carré creux.

Æ 23. — Tétradrachme, 15 gr. 16.

Provient de la coll. Dupré.

1803. Double tête janiforme de satyre barbu.

℞. Deux amphores en sens inverse.

Æ 13. — Hémidrachme, 1 gr. 72.

Cf. Brit. Mus., *Cat.*, p. 221, n. 51.

1804. Tête de satyre barbu à dr.

℞. ΘΑ et deux dauphins.

Æ 8. — Obole, 0 gr. 36.

Cf. Brit. Mus., *Cat.*, p. 221, n. 6.

1805. Tête de satyre à g., barbu et cornu, avec des oreilles de cheval, les cheveux en désordre.

℞. ΘΑ entre deux dauphins.

N 7. — o gr. 79.

(Après 146 av. J.-C.).

1806. Tête imberbe de Dionysos à dr., couronné de lierre, un bandeau sur le front, les cheveux longs, en torsade sur la tempe et flottant sur le cou.

℞. ΘΑΣΙΩΝ ΗΡΑΚΛΕΟΥΣ ΣΩΤΗΡΟΣ. Héraclès imberbe, nu, debout de face, la tête à g., tenant la massue, la peau de lion, dont la tête lui pend sur l'épaule, rejetée sur le bras. A g., M.

Æ 32. — Tétradrachme, 16 gr. 85. La pièce est trouée.

Brit. Mus., *Cat.*, p. 222, n. 72.

ROIS DE THRACE

SEUTHÈS Ier

(avant 400 av. J.-C.).

1807. Cavalier imberbe au galop à dr., brandissant une lance ; il est nu, sauf un manteau qui flotte derrière le dos.

℞. ΣΕΥΘΑ ΑΡΓΥ ΡΙΟΝ en trois lignes.

Æ 22. — Didrachme, 8 gr. 48 (la pièce est trouée).

LYSIMAQUE

(323-281 av. J.-C.).

1808. Tête d'Alexandre divinisé, à dr., avec les cornes de Zeus Ammon, les cheveux retenus par un diadème dont les extrémités flottent derrière la nuque.

℞. ΒΑΣΙΛΕΩΣ ΛΥΣΙΜΑΧΟΥ. Athéna Nicéphore assise sur un trône, à g. ; derrière le trône est appuyé un bouclier orné d'une tête de lion. A g., ⱵР.

N 19. — Statère 8 gr. 47.

Provient de la coll. Dupré.

1809. Même description.

℞. Même légende et même description. Dans le ch., à g., caducée ; à dr., Δ.

N 20. — Statère, 8 gr. 62.

Frappé à Aenus.

1810. Même description.

RⱮ. Même légende et même description. Le bouclier est godroné. A g., dans le ch., Θ ; à l'ex., trident et deux dauphins ; sous le siège, **BY**.

N 20. — Statère, 8 gr. 47.

Frappé à Byzantium.

1811. Même description.

RⱮ. Même légende et même description. Dans le ch., à g., **CѠ** ; à l'ex., trident et dauphins. Sous le siège, **KAΛ** ; le bouclier est lisse.

N 18. — Statère, 8 gr. 15.

Cette pièce est une imitation barbare des précédentes, frappée à Callatia.

1812. Même description.

RⱮ. **ΛΥΣΙΜΑΧΟΥ ΑΡΙΣΤΟΒΟΥΛΟΣ**. Même description ; le bouclier est sans ornement ; à l'ex., trident et dauphins. Dans le ch., à g., rose.

N 20. — Statère, 8 gr. 64.

Frappé à Rhodes.

1813. Tête d'Alexandre à dr., comme ci-dessus.

RⱮ. **ΒΑΣΙΛΕѠΣ ΛΥΣΙΜΑΧΟΥ**. Athéna Nicéphore assise sur un trône, à g. ; derrière le siège, un bouclier orné d'une tête de lion ; à g., dans le champ, hermès, et ♋.

Æ 32. — Tétradrachme, 16 gr. 88.

Frappé à Scotos.

1814. Même description.

RⱮ. Même légende et même description. Dans le ch., à g., hermès, et Ⱪ.

Æ 32. — Tétradrachme, 16 gr. 95.

1815. Même description.

RⱮ. Même légende et même description. A l'exergue, trident. Dans le ch., à g., Ⱡ ; sous le siège, **BY**. Le bouclier est orné de rayons convergents.

Æ 35. — Tétradrachme, 15 gr. 19.

Frappé à Byzantium. Imitation barbare.

1816. Même description.

RⱮ. Même légende et même description. Le bouclier est orné d'une tête de lion. A l'ex., massue.

Ⱥ 29. — Tétradrachme, 17 gr. 03.

Acquise de Hoffmann, 1861.

1817. Même description.
℞. Même légende et même description. A g., ⋈ dans une couronne.
Ⱥ 28. — Tétradrachme, 17 gr. 18.

1818. Même description.
℞. Même légende et même description. Dans le ch., à g., ℛ et abeille ; à
l'ex., ₥.
Ⱥ 28. — Tétradrachme, 16 gr. 91.

Frappé à Éphèse.

1819. Tête d'Héraclès à dr., imberbe, coiffé de la peau de lion.
℞. ΛΥΣΙΜΑΧΟΥ ΒΑΣΙΛΕΩΣ. Zeus à demi nu, assis à g. sur un trône,
s'appuyant sur un sceptre, et tenant un aigle sur sa main droite étendue.
Dans le ch., à g., protomé de lion et torche. Sous le trône, pentalpha.
Ⱥ 28. — Tétradrachme, 16 gr. 92.

Frappé à Amphipolis.

1820. Même description.
℞. Même légende et même description, mais, en symbole, un croissant de lune
au lieu de la torche.
Ⱥ 18. — Drachme, 4 gr. 32.

CAVARUS

(219-200 av. J.-C.).

1821. Tête d'Apollon lauré à dr., les cheveux longs.
℞. ΒΑΣΙΛΕΩΣ ΚΑΥΑΡΟΥ. Niké debout à g., tenant une couronne ; à g.,
dans le ch., Κ.
Æ 19. — 7 gr. 20.

Provient de la coll. Dupré.
Brit. Mus., *Cat.*, p. 207, n. 1

MOSTIS

(vers 200 av. J.-C.).

1822. Buste de Mostis à dr., imberbe, diadémé et drapé.

    ℞. **ΒΑΣΙΛΕΩΣ ΜΟΣΤΙΔΟΣ.** Athéna Nicéphore assise à g. sur un trône auquel est appuyé son bouclier ; dans le ch., à g., ♁ et ℟. A l'ex., **ΕΤΟΥΣ ΚΒ** (an 22).

    Æ 38. — Tétradrachme, 17 gr. 12.

        Cf. Brit. Mus., *Cat.*, p. 206.

THESSALIE

AENIANES

(vers 400-344 av. J.-C.).

1823. Tête de Zeus lauré, à g., barbu, les cheveux longs.

    ℞. **ΑΙΝΙΑΝΩΝ.** Guerrier marchant à g., et tournant la tête à dr. Il brandit un javelot et se couvre de son bouclier (ou de son pétase ?) ; il a une chlamyde jetée sur les épaules et un glaive au côté.

    Æ 17. — Hémidrachme, 2 gr. 80.

        Brit. Mus., *Cat.*, p. 10, n. 1.

(vers 168-146 av. J.-C.).

1824. **ΞΕΝΑΡΧΟΣ.** Tête d'Athéna à dr., coiffée d'un casque attique à panache, orné de rinceaux et d'un quadrige.

    ℞. **ΑΙΝΙ ΑΝΩΝ.** Frondeur nu, debout à g., la tête tournée à dr., ajustant sa fronde ; une poche pleine de balles est enroulée autour de son bras g. ; derrière sa cuisse dr., deux javelots.

Æ 24. — Didrachme, 7 gr. 40.

> Le frondeur est sans doute le roi mythique des Thessaliens, Phemius. Le nom qui figure au droit, sur cette pièce et sur la suivante, est celui de l'un des cinq chefs de la ligue des Aenianes.

1825. [AN]ΔPOMENH[Σ]. Tête de Zeus lauré à dr.

R⁄. Frondeur nu, comme ci-dessus, la chlamyde sur le bras g.

Æ 15. — Hémidrachme, 2 gr. 35.

CIERION

(400-344 av. J. C.).

1827. Tête de Zeus lauré, à dr.

R⁄. KIE[P]IEIΩN. La nymphe Arné agenouillée à dr., tournant la tête à g., joue aux osselets. A dr., traces de lettres (?)

Æ 14. — Obole, 1 gr. 31 (la pièce est percée d'un trou).

> Brit. Mus., *Cat.*, p. 15, n. 1. La ville de Cierion portait primitivement le nom d'Arné.

GYRTON

(vers 400-344 av. J.-C.).

1828. Tête juvénile, imberbe, à dr., les cheveux courts. A dr., tête et encolure de cheval à dr.

R⁄. Γ[YP]T[ΩNI]ON. Tête de déesse à dr., les cheveux relevés.

Æ 17. — 4 gr. 35.

> Brit. Mus., *Cat.*, p. 20, n. 1.

HERACLEA TRACHINIA

(vers 400-344 av. J.-C.).

1829. Tête de lion de trois quarts à dr., broyant un trait dans sa gueule.

R⁄. HPA. Arc et carquois.

Æ 11. — Obole, 0 gr. 74.

LARISSA

(avant 480 av. J.-C.).

1830. Cavale à g., grattant de ses dents sa patte antérieure droite. Au-dessus, tournée
en sens inverse, perdrix. Grènetis.
℞. ΛΑ-ℝІ· La sandale de Jason à g. ; carré creux.
Æ 16. — Drachme éginétique, 5 gr. 35.

> E. Babelon, *Traité*, II, 1, p. 1011, n. 1410. Pour l'explication du type de la sandale,
> *ibid.*, p. 1016.

1831. Tête de Jason à g., imberbe, coiffé du pétase. Grènetis.
℞. ΛΑR-ІΣΑ dans un carré creux.
Æ 12. — Triobole, 2 gr. 55.

> E. Babelon, *Traité*, p. 1011, n. 1413 ; cf. p. 1016, pour l'identification de la tête de Jason.

1832. Tête de Jason imberbe, à dr., coiffé du pétase. Grènetis.
℞. ΛΑRІ· Sandale de Jason à g. ; au-dessus, bipenne ; le tout dans un carré
creux.
Æ 14. — Triobole, 2 gr. 58.

> E. Babelon, *Traité*, p. 1011, n. 1414.

(480-430 av. J.-C.).

1833. Jeune Thessalien vêtu d'une chlamyde, le pétase suspendu sur le dos, tenant par
les cornes un taureau bondissant à g., dont on ne voit que l'avant-main.
Grènetis.
℞. ΛΑRІ· Protomé de cheval bridé bondissant à dr. dans un carré creux.
Æ 15. — Triobole, 2 gr. 77.

> Brit. Mus., *Cat.*, p. 25, n. 8.

1834. Cheval au pas à dr. ; au-dessus, tête de lion. Grènetis.
℞. La nymphe Larissa assise à g., tenant sur ses genoux une hydrie. A g.,
une fontaine jaillissant d'une tête de lion ; le tout dans un carré creux.
Æ 11. — Obole, 0 gr. 97.

> Brit. Mus., *Cat.*, p. 25, n. 14.

1835. Cavalier au pas à dr., tenant deux javelots. Au-dessous, dauphin (?).

    ℞. ΛΑ ΡΙ. La nymphe Larissa vêtue d'une tunique talaire, assise sur une chaise à dr., levant la main g., et de la dr. tenant une corbeille ; le tout, dans un carré creux.

    Æ 13. — Diobole, 1 gr. 28.

        Brit. Mus., *Cat.*, p. 25, n. 12.

(430-400 av. J.-C.).

1836. Jeune Thessalien vêtu d'une chlamyde, le pétase flottant derrière la tête, saisissant par les cornes un taureau qui bondit à dr. Grènetis.

    ℞. ΛΑΡΙΣΑΙΑ. Cheval bridé bondissant à dr. dans un carré creux.

    Æ 20. Drachme, 5 gr.

        Brit. Mus., *Cat.*, p. 27, n. 26.

1837. Même type à g.

    ℞. ΛΑΡΙΣΑ ΑΙ. Même type à g.

    Æ 19. — Drachme, 6 gr. 15.

        Brit. Mus., *Cat.*, p. 27, n. 36.

1838. Oℓ. Cheval au pas à dr. Grènetis.

    ℞. ΛΑ ΡΙ. La nymphe Larissa debout à dr., vêtue d'une longue tunique, nouant une bandelette sur sa tête ; devant elle, une amphore. Carré creux.

    Æ 13. — Obole, o gr. 96.

        Brit. Mus., *Cat.*, p. 28, n. 43.

1839. ΟΤ. Cheval au pas à dr. Grènetis.

    ℞. ΙϘ ΛΑ rétrograde. La nymphe Larissa agenouillée à g., jouant à la balle. Carré creux.

    Æ 11. — Obole, o gr. 90.

1840. Cheval au pas à dr. Grènetis.

    ℞. ΛΑ - ΙϘ (rétrograde). La nymphe Larissa à dr., remettant sa sandale ; devant elle, amphore. Carré creux.

    Æ 12. — Obole, o gr. 88.

        Cf. Brit. Mus., *Cat.*, p. 28, n. 43.

(400-344 av. J.-C.).

1841. Tête de la nymphe Larissa de trois quarts à g., les cheveux épars, retenus par
un bandeau, parée d'un collier. Grènetis.
℞. ΛΑΡΙ ΣΑΙΩΝ· Cheval bridé, au pas à dr.
Æ 25. — Didrachme, 11 gr. 80.

> Brit. Mus., *Cat.*, p. 29, n. 55. L'effigie du droit est imitée de la tête d'Aréthuse, par
> Cimon, sur les monnaies de Syracuse.

1842. Même description.
ΛΑΡΙΣΑΙΩΝ· Cheval paissant, à dr., les jambes fléchies.
Æ 20. — Drachme, 6 gr. 16.

> Brit. Mus., *Cat.*, p. 29, n. 57.

1843. Même description.
℞. ΛΑΡ. Même description (autre style ; le cheval a les jambes droites).
Æ Drachme, 6 gr. 15.

1844. Même description.
℞. ΛΑΡΙ (à l'ex.), ΣΑΙΩΝ (au-dessus). Jument avec son poulain, au pas à dr.
Æ 20. — Drachme, 6 gr. 18.

> Acquise de Hoffmann, 1861.
> Brit. Mus., *Cat.*, p. 30, n. 64.

1845. Tête de la nymphe Larissa à dr., les cheveux dans une *sphendoné*. Grènetis.
℞. ΛΑ· ΣΑ· Α· Jeune Thessalien, vêtu d'une chlamyde et coiffé du pétase,
debout à dr., retenant un cheval qui bondit à sa droite, et sur la croupe
duquel il pose sa main dr. qui tient une cravache (?). Carré creux.
Æ 20. — Drachme, 6 gr. 10.

1846. Tête de la nymphe Larissa de trois quarts à g., les cheveux épars.
℞. [Λ]ΑΡΙΣ· Cavalier au galop à dr.
Æ 10. — Obole, 0 gr. 95.

LARISSA CREMASTE

(302-286 av. J.-C.).

1847. Tête de nymphe à dr., les cheveux en bourrelet autour de la tête et flottant
sur la nuque.

℞. ΛΑΡΙ· Persée nu, debout de face, tenant la *harpé* et la tête de Gorgone.
Æ 13. — 1 gr. 87.

Imhoof-Blumer, *Nymphen und Chariten*, pl. IV, n. 34.

MAGNETES

(*197-146 av. J.-C.*).

1848. Tête de Zeus couronné de chêne, à dr. A g., **H**·

℞. ΜΑΓΝΗΤΩΝ· Artémis tenant son arc assise à g. sur une proue de galère ;
à g., étoile et dauphin ; à dr., Ⴀ et Ɛ.

Æ 18. — Drachme, 4 gr. 05.

Brit. Mus., *Cat.*, p. 34, n. 1.

MALIENS (LAMIA)

(*400-344 av. J.-C.*).

1849. Tête de Dionysos à g., couronné de lierre, les cheveux flottant sur le cou.

℞. ΜΑΛΙΕ ΩΝ· Amphore ; à dr., *prochous* ; au-dessus, feuille de lierre.

Æ 16. — Hémidrachme, 2 gr. 62.

Brit. Mus., *Cat.*, p. 35, n. 1.

1850. Même description (autre coin).

Æ 16. — Hémidrachme, 2 gr. 80.

Provient de la coll. Dupré.

1851. Même description.

℞. Même légende et même description.

Æ 11. — Obole, o gr. 71.

OETA

(*196-146 av. J.-C.*).

1852. Tête de lion à g., broyant un trait dans sa gueule.

℞. ΟΙΤΑΙΩΝ· Héraclès imberbe, couronné, debout de face, tenant transversa-
lement sa massue de ses deux mains.

Æ 15. — Hémidrachme, 2 gr. 30.

Brit. Mus., *Cat.*, p. 37, n. 8.

1853. Même description.

    ℞. **OITA**. Arc et carquois.

    Æ 12. — Obole, 0 gr. 71.

        Brit. Mus., *Cat.*, p. 37, n. 3.

1854. Tête de Dionysos à g., couronné de lierre, les cheveux flottant sur le cou.

    ℞. Tête de lion à g., broyant un trait dans sa gueule.

    Æ 11. — Obole, 0 gr. 87.

PHALANNA

(400-344 av. J.-C.).

1855. Tête de jeune homme (Arès ?), à dr., imberbe, lauré, les cheveux courts, Grènetis.

    ℞. **ΦΑΛΑ ΝΝΑΙ ΩΝ**. Cheval bridé au pas à dr.

    Æ 19. — Drachme, 5 gr. 45.

        Brit. Mus., *Cat.*, p. 41, n. 1.

PHARCADON

(480-400 av. J.-C.).

1856. Jeune homme saisissant par les cornes un taureau bondissant à dr., dont on ne voit que l'avant-main. Grènetis.

    ℞. **ΦΑΡ ΚΑΔ Ο**. Protomé de cheval bondissant à dr. Carré creux.

    Æ 16. — Hémidrachme, 2 gr. 60.

        Brit. Mus., *Cat.*, p. 42, n. 1.

1857. Cheval au pas à dr. Grènetis.

    ℞. **Φ[Α]Ρ-ΔΑꓘ** (la seconde partie du mot rétrograde). Athéna en armes, debout à dr., appuyée sur un bouclier ovale.

    Æ 12. — Obole, 0 gr. 74.

        Brit. Mus., *Cat.*, p. 42, n. 8.

PHARSALE

(400-344 av. J. C.).

1858. Tête d'Athéna à dr., coiffée d'un casque attique à panache et à paragnathides, orné de palmettes et d'un griffon bondissant à dr. ; derrière, **E**.

℞. **ΦΑΡΣ**· Cavalier au galop à dr., brandissant une sorte de masse d'armes. Il est vêtu d'une *courte tunique.*

Æ 19. — Drachme, 5 gr. 97.

> Provient de la coll. Allier de Hauteroche.
> Cf. Brit. Mus., *Cat.*, p. 43, n. 6, avec la signature du graveur : **ΤΕΛΕΦΑΝΤΟ**, qui ne paraît pas sur la présente pièce, de même style. Téléphanès, dont on retrouve la signature abrégée sur d'autres monnaies, était un artiste originaire de Phocide. Pline célèbre son œuvre sculpturale. Il séjourna à la cour de Perse sous les règnes de Xerxès II (en 425) et de Darius II (424-405). Voy. E. Babelon, *Les Monnaies grecques* (coll. Payot), p. 78.

1859. Tête d'Athéna à dr., coiffée d'un casque attique à panache, décoré de palmettes.

Derrière le couvre-nuque, Ι ͲΓ.

℞. **ΦΑΡΣ**· Tête et encolure de cheval à dr.

Æ 15. — Hémidrachme, 2 gr. 95.

> Acquise de Rollin, 1854.
> Brit. Mus., *Cat.*, p. 44, n. 11.

1860. Même tête à dr. ; le casque moins orné.

℞. **ΦΑΡ**· Même description.

Æ 15. — Hémidrachme, 3 gr.

1861. Même tête à g.

℞. Protomé de cheval bondissant à g.

Æ 12. — Obole, 0 gr. 90.

PHÈRES

(vers 480 av. J.-C.).

1862. **ΑΛͰ**. Thessalien debout à dr., le pétase suspendu sur le dos, maîtrisant un taureau qu'il tient par les cornes. Grènetis.

℞. **ΦΕℝ ΑΙ**. Cheval bondissant à dr., la longe traînant à terre ; à g., fontaine jaillissant d'une tête de lion. Le tout dans un carré creux.

Æ 20. — 5 gr. 22.

> E. Babelon, *Traité*, p. 1026, n. 1428. Les lettres du droit seraient les initiales d'un tyran de Phères. A. de Sallet, *Zeit. f. Num.*, VI, p. 10-11.

1863. Protomé de cheval bondissant à dr.

℞. **ΦΕ-ΤΑ**. Grain d'orge dans sa gousse. Carré creux.

Æ 15. — Triobole, 2 gr. 93.

> Cf. E. Babelon, *Traité*, p. 1030, n. 1438.

(IVe siècle av. J.-C.).

1864. Tête d'Hécate à g., les cheveux relevés, couronnée de myrte ; derrière la nuque, torche.

    ℞. **ΦΕΡΑΙΟΥΝ**. La nymphe Hypérie debout de face, la tête à g., vêtue d'une robe talaire, posant la main droite sur une tête de lion d'où jaillit une fontaine ; dans le ch., en bas, à g., **ΑΣ ΤΟ**, dans une couronne.

    Æ 18. — 2 gr. 58.

        Provient de la coll. Dupré.
        Brit. Mus., *Cat.*, p. 48, n. 22.

ALEXANDRE, TYRAN DE PHÈRES

(369-357 av. J.-C.).

1865. Tête d'Hécate de trois quarts à dr., les cheveux épars, parée de boucles d'oreilles et d'un collier, couronnée de myrte.

    ℞. **ΑΛΕΞΑΝΔ ΡΕΙΟΣ**. Cavalier en armes casqué et cuirassé au galop à dr., la lance en arrêt.

    Æ 23. — 11 gr. 80.

        Provient de la coll. Palin (1859).
        Brit. Mus., *Cat. Thessaly*, p. 47, n. 14 ; Berlin, *Numismat. Zeitschrift*, IX, pl. I, fig. I. Voy. Wroth, *Numismatic Chronicle*, 1891, p. 124 ; cf. *Revue numism.*, 1859, p. 109.
        Une pièce analogue se trouvait dans la collection Phothiadès-Pacha (n. 170) avec une torche à g. de la tête d'Hécate. Cette torche est, sur notre exemplaire, hors du flan. Des variétés de la même pièce portent **ΑΛΕΞΑΝΔΡΟΥ**.

1866. Tête d'Hécate à dr., les cheveux en bourrelet au-dessus du front, parée de boucles d'oreilles et d'un collier ; à dr., main tenant une torche enflammée.

    ℞. **ΑΛΕΞΑΝΔ [ΡΟΥ]**. Tête de lion à dr., la gueule béante ; au-dessus, bipenne.

    Æ 18. — Drachme, 5 gr. 72.

        Cf. Coll. Jameson, *Cat.* n° 1107, avec la légende complète **ΑΛΕΞΑΝΔΡΟΥ**.

1867. Tête d'Hécate à dr., couronnée de myrte, parée de boucles d'oreilles et d'un collier ; au-dessous, **EN NO**.

    ℞. **ΑΛΕΞΑΝΔΡΟΥ**. Tête de lion à dr., la gueule béante.

    Æ 19. — Drachme, 6 gr.

        Brit. Mus., *Cat.*, p. 47, n. 17. **EN | ΝΟΔΙ | ΑΣ** est le surnom d'Hécate « Ἱερὰ Σώτειρα Εὔηχοος Φωσφόρος Ἐννοδία » cf. Kurt Regling dans *Revue intern. d'Arch. Num.* 1905, p. 175, **ΕΝΝΟΔΙΑ**.

SCOTUSSA

(480-400 av. J.-C.).

1868. Protomé de cheval bondissant à g.

℞. **ΣΚΟ.** Grain d'orge dans sa glume, en diagonale dans un carré creux.

Æ 19. — Drachme, 5 gr. 67 (la pièce est percée d'un trou).

E. Babelon, *Traité*, p. 1031, n. 1441 ; Brit. Mus., *Cat.*, p. 49, n. 1.

(400-367 av. J.-C.).

1869. Tête de femme, de trois quarts à g., les cheveux épars. Grènetis.

℞. **[Σ]ΚΟΤΟΥ ΣΑΙΩΝ.** Poseidon à demi nu, assis à g., tenant le trident, un dauphin sur sa main dr. tendue.

Æ 14. — Hémidrachme, 2 gr. 32.

THÈBES EN PHTHIOTIDE

(302-286 av. J.-C.).

1870. Tête de Déméter à dr., couronnée d'épis et voilée.

℞. **ΘΗΒΑΙΩΝ.** Protésilas débarquant à dr., debout, armé d'un glaive et d'un bouclier ovale, coiffé d'un casque à panache et cuirassé ; à g., proue de navire.

Æ 16. — Hémidrachme, 2 gr. 65.

Brit. Mus., *Cat.*, p. 50, n. 1.

TRICCA

(480-400 av. J.-C.).

1871. Jeune Thessalien à dr., le pétase suspendu sur le dos, saisissant par les cornes un taureau bondissant à dr., dont on ne voit que l'avant-main. Cercle au pourtour.

℞. **ΤΡΙ ΚΚ ΑΙ ΟΝ.** Protomé de cheval bondissant à dr., dans un carré creux.

Æ Brit. Mus., *Cat.*, p. 51, n. 1.

1872. Même description. Aire circulaire creuse.

    ℞. ИOIAꓘꓕIꟼT (rétrograde).

    Æ 16. — Hémidrachme, 2 gr. 65.

THESSALIENS

(196-146 av. J.-C.).

1873. Tête de Zeus à dr., couronné de chêne.

    ℞. ΓOΛV ΞEN ΘEΣΣA ΛΩN. A l'ex., EYKOΛOΣ. Athéna Itonia debout à dr., la lance brandie, se couvrant de son bouclier.

    Æ 26. — 5 gr. 65.

        Brit. Mus., *Cat.*, p. 2, n. 21.

1874. Même description.

    ℞. [ΦIΛ]IΓ ΓOY ΘEΣΣA ΛΩN. A l'ex. [ΘEM] IΣTOΓEN[HΣ]. Même description ; à dr., petite figure d'Artémis à dr., brandissant une torche.

    Æ 22. — 5 gr. 70.

        Brit. Mus., *Cat.*, p. 3, n. 28.

1875. ...IΩN. Tête de Zeus à dr., comme ci-dessus.

    ℞. ΘEΣΣA ΛΩN AMY[NAN]ΔPOY. Athéna comme ci-dessus ; dans le ch., à dr., Ⱥ.

    Æ 22. — 6 gr. 28.

        Voy. sur Amynandre, roi des Athamanes, l'art. de Waddington, dans la *Revue Numismatique*, 1859, p. 104, cf. *Zeitschr. f. Num.*, VII, 127.

1876. Tête de Zeus comme ci-dessus ; derrière, ⊟.

    ℞. ΘEΣΣAΛΩN. Athéna comme ci-dessus ; de part et d'autre, Π O / A I

    Æ 23. — 6 gr. 17.

1877. Tête d'Apollon lauré à dr., les cheveux relevés en bourrelet et flottant sur la nuque. Derrière, Ⱶ.

    ℞. ΘEΣΣAΛΩN. Athènes comme ci-dessus Π O / Λ Y.

    Æ 18. — 3 gr. 85.

1878. Même description.

    Æ 19. — 2 gr. 72.

1879. Φ... AIN. Tête d'Apollon lauré, à dr., les cheveux relevés en chignon.

℞. ΘΕΣΣΑ[Λ]ΩΝ. Déméter courant à dr., vêtue d'une longue robe, deux torches à la main ; en haut, ΦΙΛΟ.

Æ 16. — 2 gr. 71.

ILLYRIE

APOLLONIA

(de 100 av. J.-C. à Auguste).

1880. ΑΓΩΝΙΓΓΟΥ. Tête d'Apollon lauré, à g.

℞. ΔΙΝΟΚΡΑΤΗΣ ΕΡΙΜΝΑΣΤΟΥ. Trois nymphes dansant autour du feu du Nymphaeum. ΑΠΟΛ.

Æ 21. — 3 gr. 42.

Brit. Mus., *Cat.*, p. 60, n.62.

1881. AI NEA. Feu du Nymphaeum.

℞. ΑΓΟΛΛΟ ΝΙΑΤΑ[Ν]. Pedum.

Æ 13. — 1 gr. 30.

Brit. Mus., *Cat.*, p. 59, n. 44.

DYRRACHIUM

(450-350 av. J.-C.).

1882. Vache à dr., allaitant son veau, et détournant la tête pour le lécher.

℞. ϤΥΔ (rétrograde). Motif décoratif connu sous le nom de *jardin d'Alcinoüs* ; à l'ex., massue.

Æ 25. — Statère, 10 gr. 98.

Brit. Mus., *Cat.*, p. 65, n. 5.

(350-229 av. J.-C.).

1883. Pégase volant à dr. ; dessous, Δ.

℞. ΔΥΡ. Tête d'Athéna Chalinitis à dr., coiffée du casque corinthien ; à g., massue ; à dr., dauphin.

Æ 20. — Statère, 8 gr. 46.

Trouvé près de Catane.

1884. Tête d'Héraclès imberbe, à dr., coiffé de la peau de lion nouée sous le cou.

℞. Pégase volant à dr. ; au-dessous, Δ.

Æ 15. — Hémidrachme, 2 gr. 42.

ISSA

(IVᵉ siècle av. J.-C.).

1885. Tête d'Athéna à dr., coiffée du casque corinthien.

℞. ΙΣ. Chèvre marchant à dr.

Æ. 23. — 8 gr. 63.

Brit. Mus., *Cat.*, p. 82, n. 1.

ÉPIRE

AMBRACIE

(vers 480 av. J.-C.).

1886. Pégase au galop à g. ; au-dessous, Α.

℞. Tête d'Athéna à dr., coiffée du casque corinthien sans panache, les cheveux liés au niveau de l'épaule, parée de pendants d'oreilles ; derrière la nuque, pousse de lierre.

Æ 19. — Statère, 8 gr. 13.

Acquise de Betti.
Brit. Mus., *Cat.* (*Colonies de Corinthe*), p. 104, n. 1 ; E. Babelon, *Traité*, p. 914, n. 1279. Ces statères auraient été émis pour payer l'équipement des hoplites et des navires ambraciotes qui se joignirent à ceux de Corinthe, en 480.

(vers 432-342 av. J.-C.).

1887. Pégase au galop à dr. ; au-dessous, AM (?).

℞. [ΑΜΒΡΑΚΙΩ]ΤΑΝ. Tête d'Athéna à g., coiffée du casque corinthien sans panache ; derrière, une jeune fille vêtue d'un long chiton, debout à g., tenant une baguette.

Æ 20. — Statère, 8 gr. 50.

Brit. Mus., *Cat.*, p. 104, n. 5.
La jeune fille qui figure au revers est dans l'attitude de la joueuse de *cottabe*.

1888. Pégase au galop à g. ; au-dessous, **A**.

℟. Tête d'Athéna Chalinitis à g., coiffée d'un casque corinthien à panache.

Æ 19. — Statère, 8 gr. 50.

> Surfrappé sur une monnaie d'Egine (?).

1889. Pégase debout à dr. ; un esclave agenouillé lui cure le pied antérieur gauche.

℟. Tête d'Athéna à dr., coiffée du casque corinthien sans panache ; à g., **A**.

AR. Brit. Mus., *Cat.*, p. 110, n. 11.

(vers 238-168 av. J.-C.).

1890. Tête de Dioné à g., voilée, couronnée de laurier.

℟. Obélisque orné de bandelettes, au milieu d'une couronne d'olivier ; dans le champ, **A-M**.

Æ 17. — Drachme, 3 gr. 38.

> Brit. Mus., *Cat.*, p. 94, n. 1.
> L'obélisque qui figure au revers est le *bétyle*, ou pierre sacrée, de l'Apollon d'Ambracie.

MOLOSSES

(avant 342 av. J.-C.).

1891. **ΜΟΛΟΣΣΩΝ** autour du bord d'un bouclier circulaire orné au centre d'un foudre.

℟. Foudre, dans une couronne d'olivier.

Æ 19. — 6 gr. 40.

> Provient de la coll. Dupré.
> Brit. Mus., *Cat.*, p. 101, n. 3.

ROIS D'ÉPIRE

ALEXANDRE, FILS DE NÉOPTOLÈME

(342-326 av. J.-C.).

1892. Tête d'Hélios radié, de trois quarts à g.

℟. **ΑΛ-ΕΞ**. Foudre.

N 8. — Douzième de statère, o gr. 68.

Brit. Mus., *Cat.*, p. 110, n. 2.

1893. Tête d'Hélios, comme ci-dessus.
℞. [ΑΛΕ]ΞΑΝΔ.... Foudre.
Æ 12. — o gr. 68.

Cf. Brit. Mus., *Cat.*, p. 110, n. 5, 6.

Peut-être faut-il compléter ainsi la légende, sur notre exemplaire : ΑΛΕΞΑΝΔΡΟΥ ΤΟΥ ΝΕΟΠΤΟΛΕΜΟΥ.

PYRRHUS
(295-272 av. J.-C.).

1894. Tête d'Athéna à dr., coiffée d'un casque corinthien à panache, orné au somme d'un griffon ; à g., chouette de face ; à l'ex., A. Grènetis.
℞. ΒΑΣΙΛΕΩΣ ΠΥΡΡΟΥ. Niké marchant à g., tenant une couronne de chêne et un trophée ; à g., foudre. Grènetis.
N 20. — Statère, 8 gr. 56.

Cf. Brit Mus., *Cat.*, p. 111, n. 1 (avec un bucrâne au revers).

1895. Tête d'Artémis à dr., les cheveux nattés et relevés en chignon, parée de boucles d'oreilles, le carquois à l'épaule ; devant le menton, torche. Grènetis.
℞. Même légende et même description que ci-dessus. En haut, étoile.
N 17. — 1/2 statère 4 gr. 26.

Brit. Mus., *Cat.*, p. 111, n. 2.

1896. Tête d'Artémis comme ci-dessus, les cheveux relevés et ondulés ; derrière la nuque, mouche.
℞. Même légende et même description. En haut et à g., XO ; plus bas, dans le ch., ✷ ; à dr., Γ.
N 16. — 1/2 statère 4 gr. 28.

1897. Même tête à dr. ; derrière la nuque, grappe de raisin.
℞. Même légende et même description. En haut croissant de lune, en bas et à g., foudre.
N 15. — 1/2 statère, 4 gr. 28.

Cf. Brit. Mus., *Cat.*, p. 111, n. 4 (avec Γ au revers).

1898. Tête de Zeus Dodonéen à g., couronné de chêne. Sous la tranche du cou, OΞ. Grènetis.

℞. [B]ΑΣΙΛΕΩΣ ΓΥΡΡΟΥ. Diane drapée, coiffée du calathos, assise à g. sur un trône à dossier, tenant un long sceptre, et soulevant son péplos de la main g. ; à l'ex., Δ.

Æ 30. — Tétradrachme, 16 gr. 61.

Acquis de Carelli.
Brit. Mus., *Cat.*, p. 111, n. 8.

1899. Tête d'Achille à g., coiffé du casque corinthien à panache, décoré d'un griffon.

℞. ΒΑΣΙΛΕΩΣ ΓΥΡΡΟΥ. Thétis voilée, assise à g. sur un hippocampe nageant vers la dr. ; elle tient le bouclier d'Achille décoré d'une tête de Gorgone.

Æ 25. — Didrachme, 8 gr. 40.

Acquis de Betti.
Brit. Mus., *Cat.*, p. 111, n. 8.

1900. Tête de Perséphone à g., couronnée d'épis, parée de pendants d'oreilles, les cheveux flottant sur le cou ; à dr., torche. Grènetis.

℞. ΒΑΣΙΛΕΩΣ ΓΥΡΡΟΥ. Athéna Promachos à g. En haut, étoile; à g., foudre; à dr., Δ.

Æ 22. — Drachme, 5 gr. 66.

Cf. Brit. Mus., *Cat.*, p. 112, n. 18.

1901. Même description.

℞. Même légende et même description (sans le foudre, ni Δ).

Æ 20. — Drachme, 5 gr. 60.

Provient de la coll. Dupré.

1902. Même description. A dr., enclume.

℞. Comme ci-dessus.

Æ 23. — Drachme, 5 gr.

Provient de la coll. Dupré.

1903. Même tête à dr. ; à g., abeille.

℞. Même description (légende circulaire) ; à g., foudre.

Æ 22. — Drachme, 5 gr. 50.

1904. Même tête à dr. ; à g., canthare.

℞. **ΒΑΣΙΛΕΩΣ ΠΥΡΡΟΥ**. Démèter assise à g. sur un trône, tenant un sceptre et un épi de blé ; sous le siège, **A**.

Æ 24. — 8 gr. 72.

Brit. Mus., *Cat.*, p. 113, n. 26.

RÉPUBLIQUE ÉPIROTE
(238-168 av. J.-C.).

1905. Têtes conjuguées de Zeus Dodonéen et de Dioné, à dr. ; à g., ⧢.

℞. **ΑΓΕΙ ΡΩΤΑΝ**. Taureau cornupète à dr. ; le tout dans une couronne de chêne.

Æ 27. — Didrachme, 10 gr. 12.

1906. Même description ; à g., ⧢.

℞. **ΑΓΕΙΡΩΤΑΝ**. Foudre ; le tout dans une couronne de chêne.

Æ 18. — Drachme, 3 gr. 15.

Brit. Mus., *Cat.*, p. 20, n. 42.

1907. Tête de de Zeus Dodonéen, à dr., couronné de chêne ; derrière la nuque, ⧢.

℞. **ΑΓΕΙΡΩΤΑΝ**. Aigle debout à dr. sur un foudre ; le tout dans une couronne de chêne.

Æ 22. — Drachme, 4 gr. 92.

Brit. Mus., *Cat.*, p. 89, n. 23.

1908. Tête de Zeus Dodonéen à g. ; à dr., **ΛΥΣΗΝ** ; à g., **ΑΤ** ; sous la tranche du cou, **ΦΑΡΟ**.

℞. Comme ci-dessus, l'aigle à g.

Æ 21. — Drachme, 4 gr. 95.

Brit. Mus., *Cat.*, p. 90, n. 41.

1909. Tête de Zeus Dodonéen à dr. ; derrière la nuque, ⧢ ; sous la tranche du cou, **ΜΡ**.

℞. Comme ci-dessus, l'aigle à dr.

Æ 20. — Drachme, 4 gr. 92.

1910. Tête d'Aphrodite à g., les cheveux flottants ; derrière la nuque, **Ⱥ**.

R̸. Pégase au galop, à g.

Æ 15. — Diobole, 1 gr. 81.

> Brit. Mus., *Cat.*, p. 145, n. 25.
> Le monogramme qui figure au revers de cette pièce doit sans doute être interprété comme le début du mot : 'Απειρωτᾶν (?).

CORCYRE

(avant 540 av. J.-C.).

1911. Vache debout à dr., retournant la tête, sur une base ornée d'un grènetis; sous la vache, un veau à dr. ; en haut, deux globules.

R̸. Carré creux divisé en triangles.

Æ 18. — Statère, 9 gr. 25.

> Acquise de Hoffmann.
> E. Babelon, *Traité*, p. 923, n. 1292. Coll. Weber, *Cat.*, n. 3036.
> Le classement de cette pièce à Corcyre reste douteux. Imhoof-Blumer plaçait le groupe dont elle fait partie à une ville incertaine de Macédoine (*Mon. gr.*, p. 103). Svoronos (*l'Hellénisme primitif*, p. 139, n. 3) attribue ces pièces aux Bottiéens.

1912. Vache debout à g., détournant et baissant la tête pour flairer le veau qu'elle allaite.

R̸. Motifs décoratifs connus sous le nom de *jardins d'Alcinoüs*, dans deux carrés creux rectangulaires.

Æ 20. — Statère, 10 gr. 76.

> *Traité*, p. 930, n. 1301.
> Nous suivons ici l'opinion d'E. Babelon qui continue à voir, comme Eckhel, dans le type du revers l'image stylisée des jardins d'Alcinoüs, le roi des Phéaciens, plutôt qu'un emblème solaire. Voy. *Traité* (I), p. 931.

(après 450 av. J.-C.).

1913. Même description que ci-dessus.

R̸. Ͷ-ꟼΟͰ (rétrograde). Les jardins d'Alcinoüs. Cercle au pourtour.

Æ 23. — Statère, 11 gr. 02.

> Brit. Mus., *Cat.*, p. 118, n. 69.

1914. Tête ou bélier à dr. Grènetis.

℞. Grappe de raisin avec feuilles ; à g., ⅄.

Æ 13. — Diobole, 1 gr. 35.

> Provient de la coll. Dupré.
> Brit. Mus., *Cat.*, p. 120, n. 92.

(*338-320 av. J.-C.*).

1915. Tête d'Athéna à dr., coiffée d'un casque corinthien à panache. Grènetis.
℞. **KO.** Cep de vigne portant trois grappes de raisin.
Æ 15. — Hémidrachme, 2 gr. 47.

ACARNANIE

LIGUE ACARNANIENNE
(*250-167 av. J.-C.*).

1916. Tête de l'Achéloüs imberbe, avec un cou et des cornes de taureau, à dr.
℞. **AKAPNAN.** Apollon Aktios assis à g., sur un trône, tenant un arc ; dans le ch., à g., ℞.
N 13. — Quart de statère, 2 gr. 10.

> Acquise de Hoffmann.
> L'atelier où furent frappées ces pièces était sans doute à Leucas, capitale de la confédération. Un demi-statère d'or de 4 gr. 28, aux mêmes types, se trouve dans la collection Hunter (*Cat.*, t. II, p. 27, n. 1). Un autre est au British Museum. Voy. Leake, *Numismatica hellenica, Eur. Greece*, p. 2.

1917. **ΛΥΚΟΥΡΓΟΣ.** Tête de l'Achéloüs comme ci-dessus, à dr.
℞. **AKAPNANΩN.** Apollon Aktios comme ci-dessus ; à g., ℞.
Æ 25. — 9 gr. 90.

> Brit. Mus., *Cat.*, p. 168, n. 2. Imhoof-Blumer, *Die Münzen Akarnaniens*, n. 21.

1918. **ΦΙΛΙΚΟΣ.** Même tête à dr.
℞. **AKAPNANΩN.** Apollon citharède debout à dr., vêtu d'une longue tunique ; dans le ch., à dr., croissant et étoile.
Æ 22. — 6 gr. 46 (la pièce est brisée en deux fragments).

> Imhoof-Blumer, *op. cit.*, n. 33.

1919. **AKAPNANΩN.** Même tête à dr.

    ℞. **MENNEIA.** Apollon nu, assis à dr. sur un rocher, tenant son arc ; devant lui, un objet indéterminé ; derrière, un globule.

    Æ 21. — 5 gr. 07.

        Imhoof-Blumer, *op. cit.*, n. 31.

INCERTAINES D'ACARNANIE

1920. Tête d'Héraclès barbu, de trois quarts à g., coiffé de la peau de lion.

    ℞. **A Я Δ.** Arc et carquois. Le tout dans un carré creux.

    Æ 19. — 2 gr. 62.

        On doit sans doute attribuer cette pièce à Héraclée d'Acarnanie. Le duc de Luynes l'avait classée à Drabescus. E. Babelon, *Traité*, IV (sous presse), p. 110, n. 245, 245ᵃ. Cf. Coll. Rhousopoulos, Cat. Hirsch, 1905, pl. XX, n. 1573.

1921. Pégase volant à g.

    ℞. Tête d'Athéna Chalinitis à dr. ; derrière, tête cornue et barbue de l'Achéloüs à dr.

    Æ 21. — Statère, 8 gr. 60.

        Brit. Mus., *Cat.*, p. 142, n. 6.
        Cette pièce pourrait être placée à Ambracie ou peut-être encore à Corinthe.
        Voy. E. Babelon, *Traité*, 2ᵉ part., III, p. 407, n. 494, pl. CCIX, fig. 29.

1922. Pégase volant à dr. ; dessous, trident.

    ℞. Tête d'Aphrodite à g., les cheveux longs, en bourrelet autour du visage ; derrière, ΓΑΕ.

    Æ 14. — Diobole, 1 gr. 70.

        Le monogramme qui figure au revers de cette pièce permettrait de la placer soit parmi les monnaies des Épirotes ('Απειρωτᾶν), soit à Palaeros d'Acarnanie. Il est vrai qu'on le retrouve aussi sur une drachme de Corinthe (Brit. Mus., *Cat.*, pl. XIII, n. 11).

ANACTORIUM
(après 350 av. J.C.).

1923. **ANA.** Pégase volant à g.

    ℞. **AKTIO.** Tête d'Athéna Chalinitis à g., le casque orné d'une couronne d'olivier ; derrière, lyre.

Æ 23. — Statère, 8 gr. 50.

> Brit. Mus., *Cat. (Colonies de Corinthe)*, p. 115, n. 4.
> Imhoof-Blumer, *Die Münzen Akarnaniens*, p. 59, n. 10. La légende du revers fait allusion au culte d'Apollon Aktios.

1924. Pégase volant à g.; au-dessous, **VA**.
R̸. Tête d'Athéna Chalinitis à g.; à g., **EΓI**; à dr., sous le casque, **ΔΩ**, et *lagobolon* (?).
Æ 22. — Statère, 8 gr. 67.

> Trouvé à Catane.
> Imhoof-Blumer, *op. cit.*, p. 76, n. 87-88.

1925. Pégase volant à g.; au-dessous, **VA**.
R̸. Même tête à g.; même symbole; en haut, à g., **EΓ[I]**.
Æ 21. — Statère, 7 gr. 63.

> Brit. Mus., *Cat.*, p. 104, n. 1.

1926. Pégase volant à dr.; au-dessous, **A**.
R̸. Tête d'Athéna casquée, à dr.; derrière, **N** et trépied dans une couronne
Æ 22. — Statère, 8 gr. 56.

> Cf. Brit. Mus., *Cat.*, p. 118, n. 37.
> Imhoof-Blumer, p. 71, n. 57.

1927. Pégase volant à g.; dessous, **N**.
R̸. Tête d'Athéna casquée, à g.; en haut, **ΛΥΣI**; à dr., **N** et thymiatérion.
Æ 22. — Statère 8 gr. 45.

> Acquis d'Avellino.
> Cf. Brit. Mus., *Cat.*, p. 120, n. 54; Imhoof-Blumer, p. 78, n. 97.

1928. Pégase volant à g.; dessous, **N**.
R̸. Tête d'Athéna casquée, à g.; à g., **NAY**; à dr., **N** et clef de temple entourée de bandelettes (?).
Æ 22. — Statère, 8 gr. 56.

> Trouvé à Catane.
> Brit. Mus., *Cat.*, p. 120, n. 59. Imhoof-Blumer, p. 78, n. 98.

1929. Pégase volant à g.; dessous, **N**.
R̸. Tête d'Apollon de trois quarts à dr., les cheveux longs et flottants.
Æ 16. — Drachme, 2 gr. 75.

> Acquis de Hoffmann, 1860.
> Brit. Mus., *Cat.*, p. 115, n. 7; Imhoof-Blumer, pl. II, n. 7.

ARGOS AMPHILOCHICUM

(vers 250 av. J.-C.).

1930. **AMΦIΛ**. Tête d'Athéna à g., coiffée du casque corinthien ; derrière, **ABP** et javelot.

℞. Pégase volant à g. ; dessous, **A**.

Æ 22. — Didrachme, 8 gr. 08.

Cf. Imhoof-Blumer, p. 88, n. 28.

1931. Autre exemplaire.

Æ 22. — Didrachme, 8 gr. 32.

1932. Pégase volant à dr.; dessous, **A**.

℞. **APΓEI**. Tête d'Athéna Chalinitis à g. ; derrière, casque corinthien à panache.

Æ 21. — Statère, 8 gr. 39.

Trouvée à Crotone.
Brit. Mus., *Cat.*, p. 122, n. 4.

LEUCAS

(vers 490 av. J.-C.).

1933. Pégase bridé, volant à g., les ailes courtes et recroquevillées; dessous, **1**.

℞. Tête casquée d'Athéna à g., l'œil de face, les cheveux noués sur la nuque ; au cou, un collier. Carré creux.

Æ 18. — Statère, 8 gr. 62.

E. Babelon, *Traité*, p. 919, n. 1286.

(vers 430-400 av. J.-C.).

1934. Pégase volant à g.

℞. **ΛEYKAΔIΩN**. Tête d'Athéna casquée, à g.

Æ. 23. — Statère, 8 gr. 30.

Brit. Mus., *Cat. (Colonies de Corinthe)*, p. 127, n. 25.

1935. Pégase volant à g. ; dessous, **Λ**.

℞. **ΛEY**. Tête d'Athéna casquée à g. ; derrière, dauphin.

Æ 25. — Statère, 8 gr. 41 (surfrappé).

Acquise de Betti.

1936. Pégase volant à g.; dessous, Λ.

    ℞. Tête casquée d'Athéna à dr. ; derrière, petite figure d'Hermès nu, le pétase sur le dos, tenant un caducée et rattachant ses talonnières.

    Æ 22. — Statère, 8 gr. 40.

        Brit. Mus., *Cat.*, p. 120, n. 61.

1937. Pégase volant à dr. ; dessous, Λ.

    ℞. Tête casquée d'Athéna à dr. ; derrière, Λ et protomé de lion à dr.

    Æ 22. — Statère, 8 gr. 32.

        Brit. Mus., *Cat.*, p. 130, n. 64.

1938. Pégase volant à g.; dessous, Λ.

    ℞. Tête casquée d'Athéna à g.; derrière, protomé de griffon à g.

    Æ 24. — Statère, 8 gr. 55.

        Brit. Mus., *Cat.*, p. 131, n. 76.

1939. Tête d'Athéna Cnalinitis à g. ; à dr., Λ.

    ℞. Chimère à g.

    Æ 20. — 6 gr. 30.

        Cette pièce a été surfrappée sur un bronze de Philippe de Macédoine, dont on distingue encore les types au dr. et au revers.

(IVᵉ siècle av. J.-C.).

1940. Statue de déesse debout à dr., sur une base, vêtue d'un long chiton, la tête surmontée d'un croissant, tenant un aplustre, un cerf debout à sa gauche. Derrière elle, un sceptre noueux, surmonté d'un oiseau. Le tout dans une couronne de laurier.

    ℞. ΛΕΥΚΑΔΙΩΝ ΠΕΙΣΙΛΑΟΣ. Proue de galère à dr., l'éperon orné d'une tête de lion, et la quille d'animaux marins ; au-dessous, poisson.

    Æ 22. — Statère, 8 gr. 15.

        Brit. Mus., *Cat.* (Leucas), p. 180, n. 99.

        La déesse ici représentée est Aphrodite Aineias, dont le sanctuaire se trouvait à proximité de Leucas.

1941. Statue de déesse comme ci-dessus ; à g., aigle à dr. sur un foudre.

    ℞. [ΛΕΥ]ΚΑΔΙΩΝ [Β]ΑΘΥΟΣ. Proue de galère à dr., la quille ornée de feuilles de laurier ; à dr. ℳ.

    Æ 23. — Statère, 8 gr. 10.

        Brit. Mus., *Cat.*, p. 179, n. 82.

OENIADAE

(219-211 av. J.-C.).

1942. Tête de Zeus lauré, à dr.

R⁄. **OINIAΔAN**. Tête de taureau à face humaine, barbu, à dr. (l'Achéloüs).
Æ 23. — 6 gr. 86.

> Provient de la coll. Dupré.
> Brit. Mus., *Cat.*, p. 189, n. 6.

1943. Tête d'Athéna casquée à g.

R⁄. Tête de l'Achéloüs comme ci-dessus, à g.
Æ 23. — 7 gr. 20.

STRATOS

(450-400 av. J.-C.).

1944. Tête de l'Achéloüs barbu et cornu, de trois quarts à g.

R⁄. **AЯTƷ** (rétrograde). Tête de Callirrhoë de trois quarts à g., un rang de perles dans les cheveux et au cou. Carré creux.
Æ 13. — 2 gr. 30.

> Brit. Mus., *Cat.*, p. 191, n. 1 ; Imhoof-Blumer, *op. cit.*, p. 158, n. 1. Cf. *Nymphen und Chariten*, p. 82, n. 236.

TYRRHEIUM

(350-250 av. J.-C.).

1945. Pégase volant à g. ; au-dessous, ⊙.

R⁄. Tête d'Athéna casquée à g. ; **OY** ; au-dessous, **ΛY** et à g., pendants d'oreilles.
Æ 20. Statère, 8 gr. 41.

> Trouvé près de Catane.
> Brit. Mus., *Cat.* (*Colonies de Corinthe*), p. 139, n. 7. Au sujet du symbole du revers, voy. Imhoof-Blumer, *op. cit.*, p. 169.

(après 167 av. J.-C.).

1946. [MENA]NΔPOΣ. Tête d'Achéloüs cornu, imberbe, à dr. Grènetis.

℞. [Θ]YPPEIΩN. Apollon Actios nu, assis à dr. sur un trône, tenant son arc.

Æ 24. — 9 gr. 61.

> Brit. Mus., *Cat.*, p. 193, n. 12.

1947. [M]ENANΔPOΣ. Tête d'Achéloüs comme ci-dessus.

℞. ΘYPPHΩN. Apollon Actios comme ci-dessus, à g. ; devant lui, ᛖ.

Æ 20. — 4 gr. 74.

> Imhoof-Blumer, p. 175, n. 23.

ÉTOLIE
(279-168 av. J.-C.).

1948. Tête d'Athéna à dr., coiffée d'un casque corinthien à panache, décoré d'un serpent.

℞. ΑΙΤΩΛΩΝ. Aetolia coiffée de la *kausia*, portant un chiton court, le glaive à la ceinture, tenant une lance, chaussée d'endromides, assise à dr. sur une pile de boucliers ; dans sa main gauche, une petite Niké à dr. Devant elle, une petite figure (Artémis) ? ; debout à dr. ; à g., dans le champ, ᛖ.

A̸ 19. — Statère, 8 gr. 42.

> Voy. A. J. Reinach, l'*Étolie*, dans le *J. I. A. N.* 1911, p. 197, n. 27. Le type du revers a été parfois interprété comme « le héros masculin Aetolos », Imhoof-Blumer (*Mon. gr.*, p. 145). Les boucliers sont de type gaulois et macédonien, les Étoliens ayant battu les Macédoniens en 314 av. J.-C.

1949. Tête d'Héraclès imberbe, à dr., coiffée de la peau de lion. Grènetis.

℞. ΑΙΤΩΛΩΝ. Aetolia assise à dr., sur une pile de boucliers, vêtue d'un chiton court qui laisse à découvert le sein droit, coiffée de la *kausia* ; à ses pieds, une trompette gauloise dite *carnyx* ; à dr., ᛒ et ΙΗ.

Æ 32. — Tétradrachme, 16 gr. 88.

> Provient de la coll. Dupré.
>
> Brit. Mus., *Cat.*, p. 195, n. 6. Voy. au sujet de ce type de revers A. J. Reinach, l'*Étolie*, dans le *J. I. A. N.* 1911, p. 187 et ss. ; la présente pièce est décrite p. 192, n. 12. Les Étolien avaient placé en ex-voto à Delphes une statue symbolique de leur patrie, pour commémorer la défaite des Gaulois en 279-278 av. J.-C. La statue était de Scopas ou de quelque autre sculpteur de son école.

1950. Même description.

R̶. AITΩΛΩN. Même description, avec Ⱥ et IH.

 Æ 29. — Tétradrachme, 17 gr. 17.

1951. Tête de jeune homme imberbe, à dr., les cheveux courts, couronné de feuillage ; sous la branche du cou, ΦI.

R̶. AITΩΛΩN. Aetolos nu, debout à g., le pied dr. sur un rocher ; il a la *kausia* suspendue sur le dos, le glaive au flanc, une draperie sur l'avant-bras gauche, et s'appuie sur une lance. A g., △.

Æ 25. — 10 gr. 05.

> Brit. Mus., *Cat.*, p. 195, n. 10. On a parfois identifié le personnage représenté au droit avec Antiochus III, chef élu de la ligue étolienne en 192-191 (P. Gardner, *Num. chron.*, 1878, p. 97), mais J. P. Six tient plutôt pour Démétrius, fils d'Antigone Gonatas, surnommé *Aetolicus* (*Num. chron.*, 1894, p. 297).

1952. Tête d'Artémis laurée, à dr., les cheveux coiffés en chignon ; à l'épaule, l'arc et le carquois. En bas et à g., ΦI. Grènetis.

R̶. AITΩΛΩ[N]. Aetolia assise à dr. sur une pile de boucliers, la tête de face, vêtue d'un chiton court qui laisse à nu le sein droit, la main sur la poignée de son glaive, et s'appuyant sur une lance ; devant elle, un trophée. A dr., ⱯP.

Æ 19. — 5 gr. 42.

> Provient de la coll. Dupré.
> A. J. Reinach, *loc. cit.*, p. 200, n. 40.

1953. Tête d'Aetolos imberbe, à dr., coiffé de la *kausia*, les cheveux flottant sur le cou.

R̶. AITΩΛΩN. Sanglier courant à dr. ; dessous, Φ ; à l'ex., P et un fer de lance.

Æ 15. — 2 gr. 20.

> Provient de la coll. Dupré.

1954. Tête d'Aetolia à dr., coiffée de la *kausia*, les cheveux noués sur la nuque ; derrière, ΦI.

R̶. [A]ITΩΛΩN. Sanglier en arrêt à dr. ; derrière, ΛE ; à l'ex., fer de lance.

Æ 17. — 1 gr. 67.

> Brit. Mus., *Cat.*, p. 196, n. 16.

LOCRIDE

LOCRIENS OPONTIENS
(387-338 av. J.-C.).

1955 . Tête de Perséphone à g., couronnée de feuillage, parée de pendants d'oreilles et d'un collier.

℞. ΟΠΟΝΤΙΩΝ. Ajax nu, s'avançant vers la dr., casqué, tenant un glaive et un bouclier orné intérieurement d'un griffon. Dans le ch., grappe de raisin et, sur le sol, deux javelots.

Æ 24. — 12 gr. 26.

> La tête de Perséphone, qui figure au droit, est copiée sur le tétradrachme syracusain d'Evainète, tandis que le type d'Ajax est emprunté aux monnaies syracusaines signées par Eumènes, où il porte le nom du héros Leukaspis. Voy. E. Babelon, *Traité*, p. 363 et ss., et n. 430.

1956 . Même description.

℞. Même description et même légende. Un rameau de laurier au lieu de la grappe de raisin.

Æ 25. — 12 gr. 33.

> Brit. Mus., *Cat.*, p. 3, n. 18.
> *Traité*, n. 426.

1957 . Même description.

℞. Même description et même légende. Un casque et des javelots aux pieds d'Ajax ; le bouclier est orné d'un serpent au lieu d'un griffon.

Æ 23. — 12 gr. 20.

1958 . Même tête de Perséphone, à dr.

℞. ΟΓΟΝΤΙΩΝ. Ajax nu, casqué, combattant à dr., tenant un glaive et un bouclier orné intérieurement d'un serpent ; entre les pieds, un canthare.

Æ. 17. — 2 gr. 70.

> Brit. Mus., *Cat.*, p. 2, n. 8.
> *Traité*, n. 433.

1959. O**ΠON**. Amphore ornée de feuilles de lierre.

    ℞. Étoile à seize rais. Grènetis.

    Æ 12. — Tritémorion, o gr. 75.

> Brit. Mus., *Cat.*, p. 1, n. 2.
> *Traité*, n. 436.

(après 338 àv. J.-C.)

1960 Tête de Perséphone à g., couronnée de feuillage, les cheveux relevés, parée de pendants d'oreilles et d'un collier.

    ℞. **ΛOKPΩN**. Ajax nu, vu de dos, casqué, combattant à g., tenant une lance et un bouclier orné à l'extérieur d'une tête de Gorgone ; au-dessous, ⅋

    Æ 21. — Drachme éginétique, 5 gr. 72.

> *Traité*, p. 375, n. 441. Le monogramme doit être ainsi interprété : **YΠOK** (Hypocnémidiens, cf. Imhoof-Blumer, *Zeit. f. Num.*, t. VII, pl. I, 9.

(vers 316 à 300 av. J.-C.).

1961. Tête d'Athéna à dr., coiffée d'un casque corinthien à panache.

    ℞. **ΛOKPΩN**. Ajax nu, tête nue, combattant à dr., tenant un glaive et un bouclier orné intérieurement d'un capricorne ; à dr., trident.

    Æ 15. — Tétrobole, 2 gr. 80.

> *Traité*, p. 379, n. 451.

PHOCIDE

(520-480 av. J.-C.).

1962. Tête de taureau de face.

    ℞. **ΦOKI**. Tête de nymphe à dr. (la nymphe Daulis ?), les cheveux retenus par un bandeau et formant un bourrelet, parée d'un collier. Carré creux.

    Æ 14. — Triobole, 2 gr. 98.

> Provient de la coll. Dupré.
> E. Babelon, *Traité*, I, p. 983, n. 1384. La légende doit être ainsi complétée : φωκικὸν νόμισμα.
> La vieille ville homérique de Daulis, près de laquelle se trouvait le sanctuaire fédéral des Phocidiens, tirait son nom de celui de la nymphe, fille du Céphise. Elle fut le siège d'un atelier monétaire, lors de la lutte des Phocidiens contre les Thessaliens.

(480-421 av. J.-C.).

1963. Tête de taureau de face.

℞. ΦΟ. Tête de nymphe à g. (Daulis ?), les cheveux retenus par un bandeau. Carré creux.

Æ 13. — Triobole, 3 gr.

> Provient de la coll. Dupré.
> *Traité* (t. III), p. 322, n. 384.

1964. ΦΟ. Tête de taureau de face.

℞. Ο. Protomé de sanglier courant à g. Carré creux.

Æ 10. — Obole, 0 gr. 96.

> Provient de la coll. Dupré.

1965. [Φ]Ο. Tête de taureau de face.

℞. Protomé de sanglier courant à dr. ; en haut, à dr., rameau d'olivier.

Æ 11. — Obole, 0 gr. 87.

1966. Tête de taureau de face, les cornes ornées de bandelettes.

℞. ΦΟΚΙ. Tête de femme à dr., les cheveux retenus par un bandeau. Carré creux.

Æ 17. — Triobole, 3 gr. 23.

> *Traité*, p. 322, n. 387.

(357-346 av. J.-C.).

1967. Tête de taureau de face.

℞. ΦΩ. Tête d'Apollon lauré, à dr., les cheveux flottant sur le cou ; derrière, lyre.

Æ 14. — Tétrobole, 2 gr. 73.

> *Traité*, p. 327, n. 391.

1968. Traces de légende. Trois têtes de taureau de face, disposées en étoile, ornées de bandelettes.

℞. Τ dans une couronne de laurier.

Æ 23. — Trichalque, 9 gr. 82.

> Brit Mus., *Cat.*, p. 22, n. 91. Cf. *Traité*, p. 327, n. 394. La lettre Τ est l'initiale de τρίχαλκον.

1969. Tête de taureau de face.

R⁄. ΦΩ dans une couronne de laurier.

Æ 14. — 2 gr. 05.

Brit. Mus., *Cat.*, p. 22, n. 94.

1970. Tête d'Athéna de trois quarts à g., coiffée d'un casque à triple aigrette.

R⁄. Φ dans une couronne de laurier.

Æ 14. — 2 gr. 25.

Brit. Mus., *Cat.*, p. 20, n. 66.
Traité, p. 327, n. 395.

DELPHES
(421-371 av. J.-C.).

1972. Tête bélier à g. ; dessous, dauphin.

R⁄. ΔΑΛ. Tête de bouc de face, entre deux dauphins, dans un carré creux.

Æ. 11. — Trihémiobole, 1 gr. 32.

E. Babelon, *Traité*, 2ᵉ part., III, p. 339, n. 412. Brit. Mus., *Cat.*, p. 26, n. 17.

BÉOTIE

MONNAYAGE FÉDÉRAL
(480-456 av. J.-C.).

1973. Bouclier béotien.

R⁄. ϷΟΙ entre les quatre rais d'une roue.

Æ 19. — Statère, 12 gr. 02.

Traité, I, p. 970, n. 1362 et ss. (monnaies frappées à Tanagra, au nom de la ligue béotienne). Cf. Brit. Mus., *Cat.*, p. 60, n. 9.

(379-398 av. J.-C.).

1974. Bouclier béotien.

R⁄. HIΣ ME. Amphore.

Æ 23. — Statère, 12 gr. 07.

Brit. Mus., *Cat.*, p. 83, n. 149.

1975. Bouclier béotien.

R/. HI KE. Amphore ornée de feuilles de lierre ; à g., rameau d'olivier.

R 24. — Statère, 10 gr. 99.

Brit. Mus., *Cat.*, p. 83, n. 146.

1976. Bouclier béotien.

R/. ΥΑ R [Ο]. Amphore.   ·

R 23. — Statère, 12 gr. 05.

Brit. Mus., *Cat.*, p. 84, n. 166.

(338-315 av. J.-C.).

1977. Bouclier béotien.

R/. BO IΩ. Amphore ; au-dessus, grappe de raisin.

R 23. — Statère, 12 gr. 34.

Brit. Mus., *Cat.*, p. 36, n. 42.

1978. Bouclier béotien.

R/. BO IΩ. Amphore ; au-dessus, dauphin.

R 25. — Statère, 12 gr. 07.

Brit. Mus., *Cat.*, p. 37, n. 49. Frappé à Thèbes.

1979. Bouclier béotien.

R/. BOI. Canthare ; au-dessus, massue ; à dr., croissant.

R 15. — 2 gr. 46.

Brit. Mus., *Cat.*, p. 37, n. 50. Frappé à Thèbes.

(288-244 av. J.-C.).

1980. Tête de Poseidon lauré, à dr.

R/. BOIΩTΩN. Poseidon assis à g. sur un trône décoré du bouclier béotien, tenant le trident et un dauphin.

R 27. — Tétradrachme, 16 gr. 90.

Cf. Brit. Mus., *Cat.*, p. 38, n. 63 ; Coll. Weber, *Cat.*, p. 313, n. 3303.

1981. Même tête à dr.

℞. BOIΩTΩN. Niké debout à g., vêtue d'une tunique talaire, tenant un trident et une couronne. A g., ℳ.

Æ 19. — Drachme, 4 gr. 88.

Cf. Brit. Mus., *Cat.*, p. 42, n. 101 et ss. (autres monogrammes).

(vers 387-374 av. J.-C.).

1982. Bouclier béotien.

℞. ΔI. Amphore. En haut, un globule. Carré creux.

Æ 15. — 2 gr. 95.

Brit. Mus., *Cat.*, p. 34, n. 23.

1983. Tête d'Héraclès imberbe, à dr., coiffé de la peau de lion.

℞. BIOΩTΩN. Athéna ailée, combattant à dr. ; à dr., bouclier béotien.

Æ 19. — 6 gr. 77.

1984. Tête de Dionysos couronné de lierre, à g.

℞. B. Amphore. Au-dessus, grappe de raisin.

Æ 17. — 6 gr. 72.

MYCALESSUS

(vers 387-374 av. J.-C.).

1985. Bouclier béotien.

℞. MY. Foudre.

Æ 10. — 0 gr. 75.

Brit. Mus., *Cat.*, p. 51, n. 1.

ORCHOMÈNE

(vers 387-374 av. J.-C.).

1986. Cheval galopant à g.

℞. Trois grains de blé, de champ.

Æ 10. — 0 gr. 45.

La pièce est brisée. Les lettres de la légende : EP ont disparu. Brit. Mus., *Cat.*, p. 54, n. 26.

PLATÉES

(vers 387-372 av. J.-C.).

1987. Bouclier béotien.

℞. ΠΛΑ. Tête de Héra à dr., coiffée de la *stéphané* ornée de palmettes.

Æ 15. — 2 gr. 55.

> Brit. Mus., *Cat.*, p. 58, n. 2.

TANAGRA

(vers 550-480 av. J.-C.).

1988. Bouclier béotien.

℞. Carré creux en ailes de moulin. ΤΤ dans deux des compartiments.

Æ 16. — Drachme, 5 gr. 75.

> Brit. Mus., *Cat.*, p. 59, n. 2.
> *Traité*, p. 966, n. 1354.

(vers 456-446 av. J.-C.).

1989. Bouclier béotien.

℞. ΤΑ. Protomé de cheval bridé bondissant à g., le tout dans un carré creux.

Æ 20. — Didrachme, 12 gr. 23.

> Brit. Mus., *Cat.*, p. 62, n. 34 ; E. Babelon, *Traité*, p. 298, n. 335.

(vers 387-374 av. J.-C.).

1990. Bouclier béotien.

℞. ΤΑ. Protomé de cheval bondissant à g. ; au-dessous, feuille de lierre.

Æ 11. — Obole, 0 gr. 92.

> Brit. Mus., *Cat.*, p. 63, n. 44.

1991. Même description. En symbole, une grappe de raisin.

Æ 11. — Obole, 0 gr. 76.

> Brit. Mus., *Cat.*, p. 63, n. 45.

1992. Même description, sans symbole.

Æ 11. — Obole, o gr. 95.

1993. Buste d'Apollon lauré, à dr., les cheveux longs.

℞. **TA**. Grappe de raisin.

Æ 14. — 1 gr. 33.

Traité, p. 303, n. 358.

THÈBES

(446-426 av. J.-C.).

1994. Bouclier béotien.

℞. **ΘΕΒ**. Héraclès nu, barbu, marchant à dr., tenant l'arc et la massue. Carré creux.

Æ 22. — Statère, 12 gr. 24.

Brit. Mus., *Cat.*, p. 70, n. 29 ; E. Babelon, *Traité*, III, p. 226, n. 223.

1995. Bouclier béotien.

℞. **ΘΕΒΑΙΟΣ**. Héraclès nu, agenouillé à dr., bandant son arc ; devant lui, sa massue. Carré creux.

Æ 23. — Statère, 12 gr. 08.

Brit. Mus., *Cat.*, p. 71, n. 30 ; *Traité*, p. 226, n. 224, cf. p. 231, pour l'explication du type d'Héraclès, parent du Melqart phénicien.

1996. Bouclier béotien.

℞. **[Θ]ΕΒΑΙΟ[Ν]**. Héraclès enfant agenouillé à g., étranglant les serpents. Carré creux.

Æ 26. — Statère, 12 gr. 17.

Brit. Mus., *Cat.*, p. 72, n. 37 ; *Traité*, p. 230, n. 230.

(426-387 av. J.-C.)

1997. Bouclier béotien.

℞. **Θ Ε**. Tête de Dionysos, barbu, couronné de lierre, à dr. Carré creux.

Æ 25. — Statère, 12 gr. 15.

Brit. Mus., *Cat.*, p. 74, n. 48 ; E. Babelon, *Traité*, p. 238, n. 240.

1998. Bouclier béotien.

℞. ΘE. Tête d'Héraclès barbu, à dr., coiffé de la peau de lion. Carré creux.

Æ 22. — Statère, 12 gr. 29.

> Provient de la coll. Dupré.
> Brit. Mus., *Cat.*, p. 73, n. 48 ; E. Babelon, *Traité*, p. 235, n. 235.

1999. Bouclier béotien.

℞. Θ E. Amphore. A dr., grappe de raisin.

Æ 22. — Statère, 12 gr. 30. La pièce est percée d'un trou. (Pl. LXXVI, n. 2006).

2000. Bouclier béotien.

℞. Θ. Amphore.

Æ 22. — Statère, 12 gr. 42. (Pl. LXXVI, n. 2007).

> E. Babelon, *Traité*, p. 239, n. 250.

2001. Bouclier béotien.

℞. ΘEB. Canthare. Au-dessus, massue ; à g., hache. Carré creux.

Æ 14. — Hémidrachme, 2 gr. 52. (Pl. LXXV, n. 1999).

> Brit. Mus., *Cat.*, p. 75, n. 67 ; E. Babelon, *Traité*, p. 242, n. 252.

2002. Bouclier béotien.

℞. Θ EB. Canthare. Au-dessus, massue.

Æ 13. — Hémidrachme, 2 gr. 38. (Pl. LXXV, n. 2000).

2003. Même description, avec ΘEBH.

Æ 14. — Hémidrachme, 2 gr. 70. (Pl. LXXV, n. 2001).

> Brit. Mus., *Cat.*, p. 76, n. 78 ; E. Babelon, *Traité*, p. 239, n. 251.

2004. Autre exemplaire.

Æ 14. — Hémidrachme, 2 gr. 52. (Pl. LXXV, n. 2002).

2005. Θ. Au milieu de trois demi-boucliers béotiens.
℞. Idem.

Æ 0, 90. — Obole, 0 gr. 62. (Pl. LXXVI, n. 2003).

> Brit. Mus., *Cat.*, p. 79, n. 105 ; E. Babelon, *Traité*, p. 242, n. 253.

2006. Tête de Dionysos barbu, couronné de lierre, à dr.

R⁄. **ΘE.** Héraclès enfant, accroupi de face, la tête à g., étranglant deux serpents.

El. 11. — 2 gr. 02. (Pl. LXXVI, n. 2004).

> Brit. Mus., *Cat.*, p. 77, n. 89 ; E. Babelon, *Traité*, p. 246, n. 259.
> Ces monnaies furent frappées par Thèbes, comme capitale de la ligue formée contre Sparte, à l'époque des batailles de Coronée et de Cnide, en 394.

2007. Même tête à dr.

R⁄. Héraclès enfant, agenouillé à dr., étranglant les serpents.

El. 10. — 0 gr. 96. La pièce est percée d'un trou. (Pl. LXXVI, n. 2005).

> Brit. Mus., *Cat.*, p. 78, n. 90 ; E. Babelon, *Traité*, p. 246, n. 262.

THESPIES

(387-374 av. J.-C.).

2008. Bouclier béotien.

R⁄. **ΘE4.** Croissant de lune.

Æ 10. — Obole, 0 gr. 83.

> Brit. Mus., *Cat.*, p. 90, n. 4.

2009. Même description.

Æ 11. — Obole, 0 gr. 77.

2010. Bouclier béotien.

R⁄. **ΘEZ-IΠ** (la seconde partie du mot, rétrograde : **ΘEZΠI**). Deux croissants adossés.

Æ 11. — Obole, 0 gr. 77.

> Provient de la coll. Dupré.
> Brit. Mus., *Cat.*, p. 90, n. 1.

2011. Bouclier béotien.

R⁄. **ΘEΣ.** Tête d'Aphrodite Mélainis à dr., les cheveux relevés, parée de boucles d'oreilles ; à dr., croissant.

Æ 17. — Hémidrachme, 2 gr. 65.

> Brit. Mus., *Cat.*, p. 91, n. 10.

(146-27 av. J.-C.).

2012. Tête féminine à dr., voilée et portant le *stéphanos*.
℞. ΘΕΣΠΙΕΩΝ. Lyre. Couronne au pourtour.
Æ 15. — 3 gr. 92.
>> Brit. Mus., *Cat.*, p. 96, n. 26

EUBÉE

CARYSTUS

(vers 369-338 àv. J.-C.).

2013. Tête barbue d'Héraclès à dr., coiffé de la peau de lion.
℞. KAPY. Vache couchée à g. ; dessous, une massue.
Æ 15. — Hémidrachme, 1 gr. 97.
>> Provient de la coll. Dupré.
>> E. Babelon, *Traité*, p. 179, n. 154.

2014. Tête d'Héraclès comme ci-dessus.
℞. KA-PY. Palmier.
Æ 10. — Obole, o gr. 50.
>> Provient de la coll. Dupré.
>> Cf. E. Babelon, *ibid.*, n. 152

(vers 197-146 av. J.-C.).

2015. Tête d'Héraclès comme ci-dessus.
℞. KAPY. Vache couchée à g. ; au-dessous, massue ; au-dessus, trident.
N 13. — 3 gr. 20.
>> Provient de la coll. Dupré.
>> Brit. Mus., *Cat.*, p. 103, n. 17.

CHALCIS

(fin du VIᵉ siècle av. J.-C.).

2016. Aigle volant à dr., tenant en son bec un serpent enroulé autour de son corps.
℞. Roue à quatre rais, inscrite dans un triangle creux.
Æ 19. — Didrachme euboïque, 8 gr. 50.
>> Acquis de Hoffmann, 1861.
>> E. Babelon, *Traité*, p. 670, n. 1051 ; Brit. Mus., *Cat.*, p. 109, n. 36.

(vers 369-363 av. J.-C.).

2017. Tête de la nymphe Chalcis à g., les cheveux relevés, parée de pendants d'oreilles.

℞. XAΛ-K. Aigle à dr., les ailes soulevées, dévorant un serpent ; au-dessous, enclume (?).

Ⱥ 14. — Drachme euboïque, 3 gr. 87.

    Imhoof-Blumer. *Nymphen und Chariten*, p. 85.

2018. Même description.

℞. XAΛ. Même description ; en symbole, couronne d'épis.

Ⱥ 18. — Drachme euboïque, 3 gr. 95.

    Provient de la coll. Dupré.

2019. Tête féminine à dr., les cheveux couverts d'une résille de perles.

℞. XAΛ. Aigle volant à dr., dévorant un serpent.

Æ 16. — 3 gr. 96.

ÉRÉTRIE

(vers 511 à 490 av. J.-C.).

2020. Vache debout à dr., détournant la tête pour se gratter les naseaux avec son pied postérieur droit ; sur son dos, hirondelle à g. Grènetis.

℞. Pieuvre à huit tentacules enroulés en volutes symétriques. Carré creux.

Ⱥ 33. — Tétradrachme euboïque, 16 gr. 95.

    E. Babelon, *Traité*, p. 686, n. 1070.
    Coll. Weber, *Cat.*, n. 3382 (avec Ε ?)

(vers 378-346 av. J.-C.).

2021. Tête de la nymphe Euboea, les cheveux relevés, parée de pendants d'oreilles et d'un collier ; derrière le cou, Ε.

℞. ΕΥ. Tête de vache avec l'encolure, de trois quarts à dr., les cornes ornées de bandelettes noueuses.

Ⱥ 12. — Hémidrachme, 1 gr. 84.

    Cf. E. Babelon, *Traité* (III), p. 198, n. 182.
    Coll. Weber, *Cat.*, n. 3394.

(vers 197-146 av. J.-C.).

2022. Tête de femme à dr., les cheveux relevés, parée de boucles d'oreilles et d'un collier.

℞. **EPETPI**. Tête de vache avec l'encolure, de face, les cornes ornées de bandelettes noueuses ; au-dessous, **ΦΑΝΙΑΣ**.

 Æ 16. — Hémidrachme, 1 gr. 67.

> Brit. Mus., *Cat.*, p. 124, n. 45 ; Coll. Weber, *Cat.*, n. 3398.

HISTIÉE

(vers 369-338 av. J.-C.).

2023. Tête de la nymphe Histiée en Ménade, à dr., portant une couronne de feuilles de vigne et de grappes de raisin, parée de boucles d'oreilles et d'un collier.

℞. **ΙΣΤΙ**. Vache debout à dr. ; au second plan, un cep de vigne portant des grappes ; à dr., **Æ**.

Æ 16. — Drachme, 3 gr. 39.

> *Traité* (III), p. 203, n. 192 ; Coll. Weber, *Cat.*, n. 3404 ; Brit. Mus., *Cat.*, p. 125, n. 4 ; Coll. Jameson, *Cat.*, n. 1175.

2024. Tête de Ménade à dr., portant une couronne de feuilles de vigne, parée de boucles d'oreilles et d'un collier.

℞. **ΙΣΤΙ-ΑΙΕΩΝ**. La nymphe Histiée vêtue d'une tunique flottante, assise à dr. à la proue d'un navire. Elle tient la *stylis* qui soutient l'aplustre. A dr., **ΛΡ**.

Æ 15. — Octobole, 2 gr. 03.

> Cf. *Traité*, p. 207, n. 202. Sur la stylis, voy. E. Babelon (*Rev. Num.*, 1908, p. 1 à 38). M. E. T. Newell (*Octobols of Histiaea. Numismatic notes and monographs*, n. 2) place l'émission des premières octoboles de ce type en 340-338 av. J.-C., et non pas après 331, comme on le voulait jusqu'ici. Mais la présente pièce et ses congénères sont certainement postérieures aux premières émissions, ainsi que le prouve leur style.

ATTIQUE

ATHÈNES

MONNAIES PRIMITIVES
(*VI*e *siècle av. J.-C.*).

2025. Protomé de cheval bridé, bondissant à g. Cercle au pourtour. (Style très primitif).
℞. Carré creux partagé en quatre triangles par des diagonales.
Ⱥ 19. — Didrachme, 8 gr. 48.

> Acquise de Hoffmann, 1861.
> *Traité*, I, p. 707, n. 1096; Svoronos, *Les mon. d'Athènes*, pl. I, n. 19. Seltman, *Athens its history and coinage before the persian invasion*, Cambridge, 1924, p. 24. M. Seltman reconnaît dans ces pièces des monnaies des Eupatrides, à types héraldiques, frappées à Athènes de 589 à 579 av. J.-C.

2026. Scarabée.
℞. Carré creux, comme ci-dessus.
Ⱥ 8. — 0 gr. 70.

> *Traité*, p. 719, n. 1113. Cf. Seltman, *op. cit.*, pl. I, A 14, et p. 24. De 589 à 579 av. J.-C.

2027. Roue à quatre rais rayonnant autour d'un moyeu central, et soutenus chacun par deux contrefiches.
℞. Carré creux, comme ci-dessus.
Ⱥ 20. — Didrachme, 8 gr. 35.

> *Traité*, p. 711, n. 1105. Svoronos proposait d'abord d'attribuer à Mégare ces monnaies à la roue (*J.I.A.N.* 1898, p. 373), puis il les classait à Athènes (*Les mon. d'Athènes*, pl. I, n. 50). Seltman (*op. cit.*, p. 34) fixe leur date de 572 à 561 av. J.-C.

2028. Même description.
Ⱥ 15. — Drachme, 4 gr. 08.

> *Traité*, p. 711, n. 1106; Svoronos, *Les mon. d'Athènes*, pl. I, n. 53.

2029. Arrière-main d'un cheval au pas à dr. Cercle au pourtour.
℞. Carré creux, comme ci-dessus.
Ⱥ 15. — Drachme, 4 gr. 02. La pièce est percée d'un trou.

> *Traité*, p. 707, n. 1097; Svoronos, *Les mon. d'Athènes*, pl. I, n. 26-28; Seltman, *op. cit.*, p. 34. De 572 à 561 av. J.-C.

2030. Chouette debout à g., la tête de face. Cercle au pourtour.

    ℞. Carré creux, comme ci-dessus.

    Æ 19. — Didrachme, 8 gr. 42.

> *Traité*, p. 702, n. 1091 ; Svoronos, *Les mon. d'Athènes*, pl. I, n. 6 ; Seltman, *op. cit.*, p. 47. De 556 à 550 av. J.-C.

2031. Tête de Gorgone de face, tirant la langue, les cheveux en boucles alignées sur le front.

    ℞. Carré creux partagé en quatre triangles par des diagonales ; dans l'un des triangles, mufle de lion de face.

    Æ 21 × 16. — Didrachme, 8 gr. 22.

> D'après E. Babelon (*Traité*, p. 675, n. 1058) les pièces de ce type auraient été des monnaies d'alliance frappées conjointement par Érétrie et par Athènes. M. Seltman (*op. cit.*, p. 50 et ss.) y voit, avec raison, des monnaies frappées par les Eupatrides, à Athènes, de 550 à 540 av. J-C., avec des types héraldiques. Ces types, comme ceux des pièces précédemment décrites, sont à rapprocher de ceux qu'on trouve reproduits sur les vases peints contemporains, comme emblèmes de boucliers d'hoplites. Cf. Svoronos, *Les mon. d'Athènes*, pl. I, n. 65.

2032. Tête casquée d'Athéna, à dr., l'œil de face, les cheveux en bandeaux ondulés sur les tempes ; le cimier du casque est orné d'une ligne brisée et de globules.

    ℞. AΘE. Chouette debout à dr., la tête de face ; dans le champ, à g., une pousse d'olivier avec une baie. Carré creux.

    Æ 22. — Tétradrachme, 17 gr. 40.

> Acquise de Betti.
>
> *Traité*, p. 742, n. 1123 ; Svoronos, *Les mon. d'Athènes*, pl. V, n. 32 ; Seltman, *op. cit.*, pl. X, A 152, P 184. Atelier athénien, sous Hippias, de 527 à 510 av. J.-C.

2033. Tête d'Athéna comme ci-dessus, avec des pendants d'oreilles.

    ℞. AΘE. Chouette à dr., regardant de face ; dans le champ, à g., pousse d'olivier. Carré creux.

    Æ 23. — Tétradrachme, 17 gr. 28.

> *Traité*, p. 759, n. 1133 ; Svoronos, *Les mon. d'Athènes*, pl. VII, n. 4 ; Seltman, *op. cit.*, pl. XIII, P. 241. Atelier athénien, de 527 à 510 av. J.-C. E. Babelon place cette pièce à l'époque de Clisthène, de 511 à 490, immédiatement avant Marathon.

2034. Tête d'Athéna, à dr.

    ℞: AΘ. Chouette à dr., la tête de face ; à g., pousse d'olivier.

    Æ 6. — 0 gr. 46.

> Brit. Mus., *Cat.*, p. 12, n. 114 ; *Traité* (III), p. 82, n. 13. Cf. Svoronos, *op. cit.*, pl. VII, n. 61 et ss.

2035. Tête de Gorgone, comme ci-dessus.

℟. Mufle de lion (ou de panthère) de face, la crinière partagée en bandeaux allongés sur les tempes, les deux pattes de chaque côté ; au-dessus des oreilles, deux globules. Carré creux.

Æ 26. — Tétradrachme, 16 gr. 87.

> *Traité*, p. 679, n. 1067 (placé à Erétrie, en Eubée) ; Svoronos, *Les mon. d'Athènes*, pl. I, n. 73 ; Seltman, *op. cit.*, p. 87 et ss. De 510 à 507 av. J.-C. Monnayage des Eupatrides, après l'expulsion d'Hippias.

2036. Tête casquée d'Athéna, à dr., l'œil de face, les cheveux en mèches ondulées et frisées sur le front et les tempes, et ramenés en chignon sur le cou ; pendants d'oreilles ronds, et collier.

℟. ΑΘΕ. Chouette à dr., regardant de face ; dans le champ, à g., pousse d'olivier. Carré creux.

Æ 24. — Tétradrachme, 17 gr. 10.

> *Traité*, p. 751, n. 1127 ; Svoronos, *Les mon. d'Athènes*, pl. VI, n. 13 ; Seltman, *op. cit.*, pl. XV, A 217, P. 278. Atelier athénien, de 506 à 490 av. J.-C.

(*Après Marathon.*)

2037. Tête d'Athéna à dr., l'œil de face, les cheveux en bandeaux relevés sur les tempes, parée de pendants d'oreilles ; elle est coiffée d'un casque à panache, dont la bombe est ornée de trois feuilles d'olivier, et d'un rinceau terminé par un fleuron.

℟. ΑΘΕ. Chouette de face, les ailes éployées. Dans le ch., en haut et à g., traces de la pousse d'olivier. Carré creux.

Æ 34. — Décadrachme, 43 gr. 03. Le coin du droit s'est cassé, et a laissé une bavure sur le menton de la tête d'Athéna.

> *Traité*, p. 771, n. 1141 ; J. Friedlaender *Zeitschr. f. Num.*, t. IV, p. 5 ; Svoronos, *Les mon. d'Athènes*, pl. VIII, n. 14 ; Seltman, *op. cit.*, pl. XXI, A 307, P 387.
>
> On sait que ce décadrachme n'est connu qu'à un très petit nombre d'exemplaires, dont le meilleur semble être celui de Berlin. M. Seltman pense que la frappe doit en être placée non pas, selon une opinion soutenue notamment par E. Babelon (p. 774), aussitôt après la victoire de Marathon, commémorée par la branche de laurier qui ceint le casque d'Athéna, mais dans les années 486, 485, 484. Ils auraient servi aux distributions d'argent (10 drachmes à chaque citoyen) qui furent faites avant l'année 483.

2038. Même tête d'Athéna.

℞. AOE. Chouette à dr., regardant de face ; dans le champ, à g., pousse d'olivier.
Æ 19. — Didrachme, 8 gr. 55.

> Acquise de Hoffmann, 1861.
> *Traité*, p. 771, n. 1146 ; Brit. Mus., *Cat.*, pl. IV, n. 4 ; Svoronos, *Les Mon. d'Athènes*, pl. VIII, n. 27. Époque de Cimon, avant 449.

2039. Même tête à dr. Sur le casque, deux feuilles d'olivier.
℞. AOE. Chouette à dr., regardant de face ; à g., pousse d'olivier et croissant de lune. Carré creux.
Æ 24. — Tétradrachme, 15 gr. 28. Coup de cisaille.

> Cf. Svoronos, *op. cit.*, pl. X, n. 12. Époque de Périclès, jusqu'en 431.

(*Époque de la guerre du Péloponnèse.*)

2040. Tête d'Athéna à dr., l'œil de face, coiffée du casque lauré, parée de pendants d'oreilles ronds.
℞. AOE. Chouette à dr., regardant de face, à g., pousse d'olivier et croissant de lune.
Æ 25. — Tétradrachme, 17 gr. 15. (Pl. LXXVII, n. 2048.)

> Brit. Mus., *Cat.*, p. 6, n. 41 à 45.
> Cf. Svoronos, *op. cit.*, pl. XI, n. 14. Époque de la guerre du Péloponnèse, jusqu'en 429.

2041. Tête d'Athéna comme ci-dessus ; sur le casque, trois feuilles d'olivier. Collier.
℞. AOE. Chouette à dr., la tête de face. A g., pousse d'olivier. Carré creux.
Æ 16. — Drachme, 4 gr. 30.

> Svoronos, *op. cit.*, pl. 12, n. 26. Époque de la guerre du Péloponnèse, jusqu'à la paix de Nicias, en 421 av. J.-C.

2042. Même description.
Æ 14. — Drachme, 4 gr. 25.

2043. Même tête.
℞. AOE. Chouette de face, les ailes éployées.
Æ 11. — Trihémiobole, 1 gr. 09.

> Brit. Mus., *Cat.*, p. 10, n. 92.
> Cf. Svoronos, *op. cit.*, pl. 13, n. 34 et ss. Époque de la guerre du Péloponnèse, jusqu'à l'expédition de Sicile, en 415 av. J.-C.

2044. Même tête.

    ℞. **AΘE**. Chouette à dr., la tête de face ; à g., pousse d'olivier.

    Æ 9. — Obole, o gr. 70.

        Cf. Svoronos, *op. cit.*, pl. 13, n. 39 et ss.

2045. Même description.

    Æ 9. — Obole, o gr. 67.

2046. Même tête d'Athéna.

    ℞. **AΘE**. Chouette de face, entre deux pousses d'olivier.

    Æ 13. — Triobole, 2 gr. 05.

        Cf. Svoronos, *op. cit.*, pl. 16, n. 34 et ss. Dernières années de la guerre du Péloponnèse, jusqu'à la conquête de Samos, 403 à 365 av. J.-C.

2047. Tête d'Athéna à dr., l'œil de face, deux feuilles d'olivier sur le casque.

    ℞. **AΘE**. Chouette à dr., la tête de face, perchée sur un rameau d'olivier ; à g., pousse d'olivier. Carré creux.

    N 13. — Hémi-statère ou drachme d'or, 4 gr. 29.

        Traité (III), p. 87, n. 18.

        Svoronos, *op. cit.*, pl. 15, n. 2.

        On sait que ces pièces furent frappées en 407 avec l'or des statues de Niké qui décoraient l'Acropole, pour pourvoir à la construction de la flotte athénienne, victorieuse depuis aux îles Arginuses.

2048. Tête d'Athéna à dr., coiffée du casque lauré, parée de pendants d'oreilles ronds.

    ℞. **AΘE**. Chouette à dr., la tête de face ; à g., pousse de laurier et croissant ; à dr., petite tête de taureau.

    Æ 27. — Tétradrachme, 16 gr. 50 (Pl. LXXVII, n. 2040).

        Traité, p. 75, n. 2 *bis*. Svoronos, *op. cit.*, pl. 17, n. 1. La petite tête de taureau qui figure au revers, en symbole, est empruntée aux monnaies de Samos où ce rare tétradrachme a vraisemblablement été frappé, lors de l'alliance entre Athènes et Samos, soit en 411, soit en 407, soit après la bataille d'Aegos-Potamos, en 405. Svoronos en plaçait la frappe plus tard, après la conquête de Samos, en 365. En tout cas, la fabrique de la pièce indique un autre atelier que celui d'Athènes.

(IVᵉ siècle.)

2049. Tête d'Athéna à dr., coiffée du casque lauré.

℞. Ɵ. Chouette double, à deux corps opposés et une seule tête.

Æ 11. — Diobole attique, 1 gr. 34.

> *Traité,* p. 78, n. 6.
> Cf. Svoronos, *op. cit.,* pl. 17, n. 34. De la conquête de Samos jusqu'aux débuts de Philippe, 365 à 359 av. J.-C.

2050. Tête d'Athéna à dr., l'œil de face, coiffée du casque lauré.

℞. ΑΟΕ. Chouette à dr., la tête de face. A g., pousse d'olivier.

Æ 15. — Drachme, 4 gr. 20.

> Cf. Svoronos, *op. cit.,* pl. 17, n. 25 et ss. Même date que ci-dessus.

2051. Tête d'Athéna à dr., comme ci-dessus, l'œil de profil. Le casque est décoré d'un rameau d'olivier à trois feuilles, contremarque sur la joue.

℞. ΑΟΕ. Chouette à dr., la tête de face ; à g., croissant de lune et pousse d'olivier.

Æ 24. — Tétradrachme, 17 gr. 15.

> Époque de Philippe de Macédoine.

2052. Même description, style archaïsant.

℞. ΑΟΕ. Même description.

Æ 23. — Tétradrachme, 17 gr. 31.

> Acquise de Hoffmann, 1858.

2053. Tête d'Athéna casquée, à dr., l'œil de profil.

℞. Deux chouettes en face l'une de l'autre, la tête de face.

Æ 14. — Tétrobole, 2 gr. 82.

2054. Tête d'Athéna à dr., l'œil de profil, coiffée d'un casque orné d'un rinceau et de trois feuilles d'olivier, parée de pendants d'oreilles ronds.

℞. ΑΟΕ. Chouette à dr. Dans le champ, à g., pousse d'olivier et croissant ; à dr., *kalathos.*

A′ 17. — Statère, 8 gr. 60.

> Brit. Mus., *Cat.,* p. 13, n. 129.
> Svoronos, pl. 21, n. 5 (339-338 av. J.-C.).
> Cf. Coll. Weber, *Cat.,* n. 3494; Coll. Jameson, *Cat.,* n. 1193. Cf. M. Locker Lampson, *Cat.,* n. 213.

2055. Tête d'Athéna comme ci-dessus.

R̸. **AΘE**. Chouette de face, dans une couronne d'olivier.

Æ 13. — Triobole, 2 gr. 01.

Svoronos, *op. cit.*, pl. 21, n. 43 et ss. De Lacharès à Antigone Gonatas, 297 à 255 av. J.-C.

2056. Tête d'Athéna comme ci-dessus.

R̸. **A**. Chouette de face, dans une couronne d'olivier.

Æ 13. — Triobole, 2 gr. 10.

2057. Même description.

Æ 12. — Triobole, 1 gr. 92.

2058. Même tête à dr.

R̸. **AΘE**. Chouette double, à deux corps opposés et une seule tête de face. Carré creux.

Æ 10. — Diobole, 1 gr. 34.

Svoronos, *op. cit.*, pl. 21, n. 53 et ss. De Lacharès à Antigone Gonatas, 297 à 255 av. J.-C.

2059. Même description.

Æ 10. — Diobole, 1 gr. 34.

2060. Tête d'Athéna casquée, à dr.

R̸. **AΘE**. Quatre croissants adossés.

Æ 8. — Tritémorion, 0 gr. 62.

Svoronos, *op. cit.*, pl. 22.

2061. Même description.

Æ 9. — Tritémorion, 0 gr. 55.

2062. Tête d'Athéna casquée, à dr.

R̸. **AΘE**. Trois croissants se touchant par les pointes.

Æ 8. — Pentechalque, 0 gr. 44.

2063. Même description.

Æ 7. — Pentechalque, 0 gr. 50.

2064. Même description.

Æ 8. — Pentechalque, 0 gr. 46.

2065. Même description.

ℝ 8. — Pentechalque, o gr. 52.

2066. Tête d'Athéna casquée à dr.

℞. **AΘE**. Chouette de face ; à g., croissant de lune.

ℝ 7. — Pentechalque, o gr. 40.

2067. Même tête à dr.

℞. **AΘE**. Ciste.

ℝ 7. — Trihémitartémorion, o gr. 24.

2068. Même tête à dr.

℞. **AΘE**. Chouette de face, les ailes soulevées, sous une double feuille d'olivier.

ℝ 10. — Trihémiobole, 1 gr. 05.

2069. Tête d'Athéna comme ci-dessus, à dr.

℞. **A**. Deux chouettes, en face l'une de l'autre, la tête de face, dans une couronne d'olivier.

Æ 16. — 3 gr. 60.

Svoronos, *op. cit.*, pl. 23. D'Antigone Gonatas jusqu'à l'alliance avec les Romains, 255 à 229 av. J.-C.

2070. Autre exemplaire.

Æ 14. — 3 gr. 12.

2071. Tête d'Athéna à dr., coiffée d'un casque corinthien à panache.

℞. Chouette à g., la tête de face ; dans une couronne d'olivier, **A**.

Æ 15. — 3 gr. 65.

2072. Tête casquée d'Athéna à dr.

℞. Chouette debout à g., la tête de face, **AΘ**.

Æ 13. — 1 gr. 75

NOUVEAU STYLE

(229-197 av. J.-C.).

2073. Tête d'Athéna à dr., l'œil de profil, coiffée d'un casque à panache, orné d'un griffon. Grènetis.

R̸. AΘE. Chouette debout de face sur une amphore couchée. Dans le champ, Ⴑ, Ⴑ et corne d'abondance. Le tout dans une couronne d'olivier.

Æ 34. — Tétradrachme, 17 gr. 05.

Svoronos, *op. cit.*, pl. 33, n. 18.

2074. Même descr. Le casque orné d'un griffon (?).
R̸. Même descr., avec AΘE, ⚷ et ⚶. Sous l'amphore, ΣΦ. Dans le champ, à dr., aplustre.

Æ 32. — Tétradrachme, 16 gr. 72.

Brit. Mus., *Cat.*, p. 31, n. 302.
Cf. Svoronos, pl. 36, n. 21.

2075. Même descr. Le casque orné d'un griffon
R̸. Même descr., avec AΘE, ΠΟ et ΤΙ⚷. Derrière la chouette, palme ; à g., Θ.

Æ 32. — Tétradrachme, 16 gr. 80.

Svoronos, pl. 38, n. 11.

2076. Même descr.
R̸. Même descr., avec AΘE, ΠΟ ΛΥ et ΤΙ ⚶. Palme derrière la chouette. Sous l'amphore, **BM**.

Æ 33. — Tétradrachme, 16 gr. 60.

Svoronos, *ibid.*

2077. Même descr.
R̸. Même descr., avec AΘE, ⚶ et ⚶. Dans le champ, à dr., massue.

Æ 34. — Tétradrachme, 17 gr. 05.

.Brit. Mus., *Cat.*, p. 29, n. 289.
Svoronos, pl. 33, n. 15, 16.

2078. Même descr.
R̸. Même descr., avec AΘE, ⚶ et ⚶. Sous l'amphore, gouvernail.

Æ 33. — Tétradrachme, 16 gr. 55.

Brit. Mus., *Cat.*, p. 29, n. 287.
Svoronos, pl. 34, n. 4.

(196-187 av. J.-C.).

2079. Même descr.
R̸. Même descr., avec AΘE ; à g. ΓΛΑΥ ; à dr. EXE et la tête d'Hélios de face.

Sous la chouette, **AΓ**.

Æ 31. — Tétradrachme, 16 gr. 80.

Svoronos, pl. 40.

2080. Même descr.

℞. Même descr. avec **AΘE, KTHΣI** et **EYMA**. A dr., petite Niké à dr. ; à g.,
ME·

Æ 33. — Tétradrachme, 16 gr. 58.

Svoronos, pl. 42.

2081. Même descr.

℞. Même descr., avec **AΘE, KTHΣI** et **EYMA**, à dr. Niké à dr. tendant une couronne. Sur la panse de l'amphore, **M** ; dessous, **EMΦ**.

Æ 33. — Tétradrachme, 16 gr. 75.

Svoronos, pl. 42, n. 14.

(186-147 av. J.-C.).

2082. Même descr.

℞. Même descr., avec **AΘE, HΛIOΔΩ, EΠIΓENH, ΣΩΣANΔPOΣ**. A g., aigle
sur un foudre ; sur la panse de l'amphore, **E** ; dessous, **ME**.

Æ 30. — Tétradrachme, 16 gr. 60.

Svoronos, pl. 47, n. 9.

2083. Même descr.

℞. Même descr., avec **AΘE, HPA, APIΣTOΦ, ΦIΛAN** ; à g., arc, massue, carquois et dépouille de lion. Sur la panse de l'amphore, **I** (?); dessous, **ΓΛ**.

Æ 31. — Tétradrachme, 16 gr. 80.

Svoronos, pl. 45, n. 7.

2084. Même descr.

℞. Même descr., avec **AΘE, HPA, APIΣTOΦ, EΠIΣTP**. Même symbole ; sur la
panse de l'amphore, **Λ** ; dessous, **ΓΛ**.

Æ 32. — Tétradrachme, 16 gr. 76.

Svoronos, pl. 45, n. 11.

2085. Même descr.

    ℞. Même descr., avec **AΘE, EYPYKΛEI, APIAPA, ΦANOKPI**; à dr., les trois
Charites drapées, debout à g.; sur la panse de l'amphore, **I**; dessous, **ΔI**.
    Æ 29. — Tétradrachme, 16 gr. 90.

        Svoronos, pl. 53, n. 21.

2086. Même descr.

    ℞. Même descr., avec **AΘE, AΦPOΔIΣI, AΓOΛHΞI HΓEMA**; à dr., Niké à g.,
tendant une couronne. Sur la panse de l'amphore, **Λ**; dessous, **ΣΦ**.
    Æ 29. — Tétradrachme, 16 gr. 80.

        Svoronos, pl. 51, n. 20.

2087. Même descr.

    ℞. Même descr., avec **AΘE, ΘEMIΣT, ΘEOΠOMΠOΣ, APIΣTO**; à dr., proue
de galère à dr., surmontée d'un trophée. Sur la panse de l'amphore, **I**; dessous, **ΠE**.
    Æ 29. — Tétradrachme, 16 gr. 75.

        Svoronos, pl. 54, n. 9.

2088. Même descr.

    ℞. Même descr., avec **AΘE, AΦPOΔIΣ, ΔIOΓE, ΔIO**. A dr., double corne
d'abondance. Sur la panse de l'amphore, **K**; dessous, **ΔI**.
    Æ 28. —Tétradrachme, 16 gr. 65.

2089. Même descr.

    ℞. Même descr., avec **AΘE, AΦPOΔIΣI, ΔIOΓE, EΛIΞ**. Même symbole; sur
l'amphore, **K**; dessous, **ΣΦ**.
    Æ 30. — Tétradrachme, 16 gr. 85.

        Svoronos, pl. 51, n. 5.

2090. Même descr.

    ℞. Même descr., avec **AΘE, AΦPOΔIΣI, ΔIOΓE, ΣΩKPA**. Même symbole; sur
l'amphore, **I**; dessous, **ΔI**.
    Æ 28. — Tétradrachme, 17 gr. 05.

        Cf. Svoronos, pl. 51, n. 11.

2091. Même descr.

    ℞. Même descr., avec **ΑΘΕ, ΑΧΑΙΟΣ, ΗΛΙ, ΠΥΘΟΚΛΗΣ**. A g., corne d'abondance ; sur l'amphore, **I** ; dessous, **ΣΦ**.

    Æ 29. — Tétradrachme, 16 gr. 82.

        Svoronos, pl. 45, n. 29.

2092. Même descr.

    ℞. Même descr., avec **ΑΘΕ, ΑΧΑΙΟΣ, ΗΛΙ, ΑΠΟ[Λ]ΛΟΔ[Ω]**. A g., corne d'abondance entre deux épis. Sous l'amphore, **K** ; dessous, **[ΣΦ]**.

    Æ 30. — Tétradrachme. 16 gr. 80.

        Svoronos, pl. 45, n. 30.

2093. Même descr.

    ℞. Même descr., avec **ΑΘΕ, ΑΧΑΙΟΣ, ΗΛΙ, ΜΗΤΡΟΔΩ**. Même symbole. Sur l'amphore, **Λ** ; dessous, **ΣΦ**.

    Æ 29. — Tétradrachme, 17 gr. 85.

2094. Même descr.

    ℞. Même descr., avec **ΑΘΕ, ΒΟΥΛΑΡ, ΕΠΙΓΕΝΗ, ΣΩΣΑΝΔΡΟΣ**. A g., aigle sur un foudre. Sur la panse de l'amphore, **I** ; dessous, **ΣΦ**.

    Æ 30. — Tétradrachme, 16 gr. 90.

        Cf. Svoronos, pl. 47, n. 16.

2095. Même descr.

    ℞. Même descr., avec **ΑΘΕ, ΔΙΟΓΕ, ΠΟΣΕ, ΔΗΜΗ**. A g., Dionysos debout de face, tenant un thyrse (?). Sur l'amphore, **B** ; dessous, **ΔΙ**.

    Æ 31. — Tétradrachme, 16 gr. 85.

        Cf. Svoronos, pl. 46, n. 4.

2096. Même descr.

    ℞. Même descr., avec **ΑΘΕ, ΔΙΟΝΥΣ, ΔΙΟΝΥΣΙ, ΜΝΗΣΑΡ**. A dr., Hélios de face, la tête radiée, dans son quadrige montant au-dessus de l'horizon. Sur l'amphore, **Λ** ; dessous, **ΔΙ**.

    Æ 29. — Tétradrachme, 16 gr. 70.

        Cf. Svoronos, pl. 52, n. 11.

2097. Même descr.

    ℞. Même descr., avec **AΘE, AΦPOΔIΣI, ΔIOГE, EΠINI**. A dr., double corne d'abondance ; sur l'amphore, **A** ; dessous, **ΣΦ**.

    Æ 30. — Tétradrachme, 16 gr. 80.

        Svoronos, pl. 51, n. 1.

2098. Même descr.

    ℞. Même descr., avec **AΘE, ΘEOΦPA, ΣΩTAΣ, NIKOK**. A g., foudre ailé ; sur l'amphore, **M** ; dessous, **ME**.

    Æ 31. — Tétradrachme, 16 gr. 90.

        Svoronos, pl. 48, n. 11.

2099. Même descr.

    ℞. Même descr., avec **AΘE, KAPAIX, EPГOKΛE, ΔIOΦ**. A dr., proue de galère ; sur l'amphore, **I** ; dessous, **ME**.

    Æ 30. — Tétradrachme, 16 gr. 80.

        Svoronos, pl. 54, n. 25.

2100. Même descr.

    ℞. Même descr., avec **AΘE, ΛYΣAN, ГΛAYKOΣ, NIKΩN**. A g., cigale. Sur l'amphore, **B** ; dessous, **ΣΩ**.

    Æ 30. — Tétradrachme, 16 gr. 85.

        L'**I** et le **K** de **NIKΩN** simulent la tête et les pattes antérieures d'un sanglier dont le corps se dégage d'une des anses de l'amphore. Cf. Svoronos, pl. 48, n. 29, 30.

2101. Même descr.

    ℞. Même descr., avec **AΘE, ΛYΣAN, ГΛAYKOΣ, KΛEOΦAN**. A g., cigale ; sur l'amphore, **Δ** ; dessous, **ΣΦ**.

    Æ 29. — Tétradrachme, 16 gr. 80.

        Cf. Svoronos, pl. 48, n. 23.

2102. Même descr.

    ℞. Même descr., avec **AΘE, [E]YBOYΛI[Δ]HΣ, [A]ГAΘ[O]KΛH, [Θ]EOΔΩ**. A g., Artémis archaïque de face, tenant un arc. Sur l'amphore, **A** ; dessous, **ME**.

    Æ 31. — Tétradrachme, 16 gr. 57 (la pièce est percée d'un trou).

        Svoronos, pl. 59, n. 19.

2103. Même descr.

    ℞. Même descr., avec **AΘE, ΛΥΣΑΝ, ΓΛΑΥΚΟΣ, ΝΙΚΑΝΩΡ** ; à g., cigale ; sur l'amphore, **Λ** ; dessous, **ME**.

    Æ 29. — Tétradrachme, 16 gr. 92.

        Cf. Svoronos, pl. 48, n. 30.

2104. Même descr.

    ℞. Même descr., avec **AΘE, MENEΔ, EΠIΓENO, ΦIΛOΘ**. A g., Asclépios debout à g., drapé. Sur l'amphore, **Γ** (?) ; dessous, **ΣΩ**.

    Æ 32. — Tétradrachme, 16 gr. 85.

        Cf. Svoronos, pl. 49, n. 3.

2105. Même descr.

    Même descr., avec **AΘE, MENEΔ, EΓIΓENO, ΔIOΔO**. A g., Asclépios tenant un bâton où s'enroule un serpent. Sous l'amphore, **ΣΩ**.

    Æ 31. — Tétradrachme, 16 gr. 70.

        Cf. Svoronos, pl. 49, n. 2.

2106. Même descr.

    ℞. Même descr., avec **AΘE, MIKIΩN, EΥPΥKΛEI, APIΣTO**. A dr., les Dioscures debout de face. Sur l'amphore, **A** ; dessous, **ΣΩ**.

    Æ 30. — Tétradrachme, 16 gr. 80.

        Cf. Svoronos, pl. 55, n. 25.

2107. Même descr.

    ℞. Même descr., avec **AΘE, MOΣXI, EΠIΓENH, ΣΩΣANΔPOΣ**. A g., aigle debout à dr. sur un foudre ; sur l'amphore, **B** ; dessous, **ME**.

    Æ 32. — Tétradrachme, 16 gr. 70.

        Cf. Svoronos, pl. 47, n. 3 et 4.

2108. Même descr.

    ℞. Même descr., avec **AΘE, ΠOΛEMΩ, AΛKETHΣ, ΠATP**. A g., trépied ; sous l'amphore, **ΣΦ**.

    Æ 29. — Tétradrachme, 16 gr. 70.

        Cf. Svoronos, pl. 50, n. 19.

2109. Même descr.

  ℞. Même descr., avec **AΘE, ΠOΛYXAP, NIK, ΠPOTIM** ; à g., caducée ailé ;
  sous l'amphore, **ΣΦ**.

   Æ 30. — Tétradrachme, 16 gr. 75.

  Cf. Svoronos, pl. 49, n. 30.

2110. Même descr.

  ℞. Même descr., avec **AΘE, ΠOΛYXAP, NIKO, ΘEMIΣTOKΛH**. Même symbole ; sur l'amphore, **I** ; dessous, **ΔI**.

  Æ 29. — Tétradrachme, 16 gr. 85.

  Cf. Svoronos, pl. 49, n. 28.

2111. Même descr.

  ℞. Même descr., avec **AΘE, TIMAPXOY, NIKAΓ, ΣΩΣIΓ**. A g., ancre, avec
  une étoile. Sur l'amphore, **Δ** ; dessous, **ΣΦ**.

  Æ 30. — Tétradrachme, 16 gr. 83.

  Cf. Svoronos, pl. 50, n. 5.

2112. Même descr.

  ℞. Même descr., avec **AΘE, ΦANOKΛH, AΓOΛΛΩNIOΣ, ΣΩΣTPATOΣ**. A dr.,
  Artémis debout de face, tenant une torche ; sur l'amphore, **B** ; dessous, **ΣΩ**.

  Æ 30. — Tétradrachme, 16 gr. 20.

2113. Même descr.

  ℞. Même descr., avec **AΘE, ΔΩPOΘE, ΔIOΦ, NIKOΔΩ**. A dr., buste de lion
  rugissant à dr. ; sur l'amphore, **H** ; dessous, **ΔI** (?).

  Æ 30. — Tétradrachme, 17 gr.

  Svoronos, pl. 46, n. 19.

(vers 146-100 av. J.-C.).

2114. Même descr.

  ℞. Même descr., avec **AΘE, ΔΩΣIΘEOΣ, XAPIAΣ**. A dr., Tyché debout, tenant
  un sceptre et une corne d'abondance. Sur l'amphore, **E** ; dessous, **ME**.

  Æ 32. — Tétradrachme, 16 gr. 40.

2115. Même descr.

R̲. Même descr., avec **AΘE, EYMAPEIΔHΣ, KΛEOMEN, MHTP**. A dr., Tripto-
lème à g., traîné dans un char par des serpents. Sur l'amphore, **H**; dessous, **ΣΩ**.
Æ 29. — Tétradrachme, 16 gr. 80.

(87-86 av. J.-C.).

2116. Même tête d'Athéna à dr.

R̲. **AΘE BAΣ MIΘPAΔATHΣ APIΣTIΩN**. Chouette debout sur une amphore, la
tête de face; à dr., étoile entre deux croissants dont les pointes sont opposées.
Le tout dans une couronne d'olivier.

A̶ 18. — Statère, 8 gr. 33.

> Acquise de Hoffmann, 1861.
> Cette pièce d'or fut frappée par Mithridate roi du Pont, alors en guerre avec Rome et allié
> aux Athéniens. Aristion était un de ses agents.

(100-86 av. J.-C.).

2117. Tête d'Athéna comme ci-dessus.

R̲. Même type que précédemment, avec **A[ΘE]**, **ΞEN[O]KΛHΣ**, **APMOΞENOΣ**.
A dr., trident et dauphin. Sur l'amphore, **M** dessous, ...**P**.
Æ 29. — Tétradrachme, 16 gr. 10.

DÉLOS (?)

2118. Tête d'Athéna à dr., coiffée d'un casque orné d'un griffon, et, sur le devant, de
quatre chevaux au galop. Pendants d'oreilles.

R̲. Chouette debout sur une amphore, la tête de face. A g., N̶Ḥ, à dr., N̶Ḥ. Sur
l'amphore, **A**. Le tout dans une couronne d'olivier.
Æ 28. — Tétradrachme, 16 gr. 85.

> B. Head attribue les pièces de ce type à la clérouchie athénienne de Délos, et fixe leur
> date au milieu du second siècle avant notre ère. *Hist. Num.*, p. 388.

SALAMIS
(339-318 av. J.-C.).

2119. Tête de la nymphe Salamis à dr., portant la *stéphané*, les cheveux flottant sur le
cou, parée de boucles d'oreilles et d'un collier.

℞. ΣΑ ΛΑ. Bouclier béotien (bouclier d'Ajax).
Æ 17. — 3 gr. 34.

> Provient de la coll. Dupré.
> Brit. Mus., *Cat.*, p. 116, n. 1 ; coll. Weber, *Cat.*, n. 3580.

2120. Même description.
℞. ΣΑ ΛΑ. Même description.
Æ 18. — 2 gr. 55.

MÉGARIDE

MÉGARE

(avant 338 av. J.-C.).

2121. Tête laurée d'Apollon à g., les cheveux flottant sur le cou.
℞. ΜΕΓΑΡ. Cinq croissants disposés en roue, séparés par les lettres de la légende.
Ꞧ 14. — Pentobole, 3 gr. 17.

> Cf. E. Babelon, *Traité* (III), p. 147, n. 104 et Brit. Mus., *Cat.*, p. 118, n. 2.

(après 307 av. J.-C.).

2122. Tête d'Apollon à dr., laurée, les cheveux longs, flottant sur le cou.
℞. ΜΕΓΑ ΡΕΩΝ. Lyre à sept cordes.
Ꞧ 17. — Drachme, 4 gr. 16.

> Brit. Mus., *Cat.*, p. 119, n. 8.

2123. Tête d'Apollon comme ci-dessus.
℞. ΜΕΓΑ ΡΕΩΝ. Lyre comme ci-dessus.
Æ 21. — 6 gr. 52.

2124. Proue de vaisseau ; au-dessus, trépied.
℞. ΜΕΓ entre deux dauphins en sens inverse. Grènetis.
Æ 15. — 2 gr. 85.

> Brit. Mus., *Cat.*, p. 120, n. 21.
> La proue de vaisseau figure celle de la trirème qui était conservée dans l'Olympieion de Mégare.

ÉGINE

(*VIIe siècle av. J.-C.*).

2125. Tortue de mer à carapace lisse ; sur la carapace, contremarque indistincte.

℞. Carré creux partagé en compartiments irréguliers.

Æ Flan allongé. 27 ✕ 14. — Statère éginétique, 12 gr. 05.

> *Traité*, p. 647, n° 1005.
>
> La présente pièce a souvent été citée comme le type même du lingot monétaire, dont le flan n'a pas encore adopté une forme régulière.

(*premier tiers du VIe siècle av. J.-C.*).

2126. Tortue à carapace lisse, très bombée, la partie médiane ornée d'une ligne verticale de globules.

℞. Carré creux partagé par des lignes en huit compartiments, les uns en creux, les autres en relief.

Æ 20. — Statère éginétique, 12 gr. 40.

> *Traité*, p. 650, n. 1013.

2127. Tortue à carapace lisse.

℞. Carré creux irrégulièrement divisé.

Æ 11 sur 6. — Obole éginétique, 1 gr.

> *Traité*, p. 651, n. 1023.

2128. Variété, la carapace ornée de globules.

℞. Carré creux comme ci-dessus.

Æ 8. — Obole éginétique, 1 gr. Ø*.

> *Traité*, n. 1024.

(*VIe siècle av. J.-C.*).

2129. Tortue à carapace lisse.

℞. Carré creux partagé en cinq compartiments irréguliers par des bandes en relief.

Æ 26 sur 15. — Statère éginétique, 12 gr. 40. (Par suite d'une erreur, cette pièce n'a pas été reproduite sur notre planche.)

> *Traité*, p. 654, n. 1031.

2130. Tortue à carapace lisse.

    ℞. Carré creux divisé irrégulièrement par des bandes en relief.

    Æ 21 × 15. — Statère éginétique, 12 gr. 32.

2131. Tortue comme ci-dessus, la carapace est aplatie à sa partie supérieure.

    ℞. Carré creux irrégulièrement divisé.

    Æ 15. — Drachme éginétique, 5 gr. 93.

2132. Tortue à carapace lisse.

    ℞. Carré creux divisé en triangles, les uns creux, les autres en relief.

    Æ 12. — Triobole éginétique, 2 gr. 89.

2133. Tortue à carapace lisse.

    ℞. Carré creux divisé en quatre compartiments creux.

    Æ 10. — Obole éginétique, 1 gr. 01.

2134. Tortue à carapace lisse.

    ℞. Carré creux divisé en deux compartiments creux.

    Æ 7. — Trihémitartémorion éginétique, 0 gr. 37.

(vers 520-480 av. J.-C.).

2135. Tortue à carapace lisse, la partie médiane ornée d'une ligne de globules, et de deux globules latéraux, près du col.

    ℞. Carré creux, large et plat, partagé en cinq compartiments irréguliers par de larges bandes en relief.

    Æ 22. — Statère éginétique, 11 gr. 95.

        Traité, p. 655, n. 1036.

2136. Même description.

    Æ 21. — Statère éginétique, 12 gr. 40.

        Acquise de Rollin, 1854.

2137. Même description.

    Æ 21. — Statère éginétique, 12 gr. 22.

2138. Tortue à carapace lisse. Sur la ligne médiane, trois globules.

℞. Carré creux divisé en quatre compartiments par un croisillon central.

Æ 9. — Obole éginétique, 0 gr. 88.

2139. Même description, sans globules.

℞. Carré creux divisé en cinq compartiments irréguliers.

Æ 10. — Obole éginétique, 0 gr. 97.

2140. Même description.

Æ 9. — Obole éginétique, 1 gr. 04.

    Provient de la coll. Dupré.

2141. Même description.

Æ 8. — Obole éginétique, 0 gr. 98.

    Traité, p. 658, n. 1040.

2142. Même description. Sur la carapace, ligne de globules.

Æ 8. — Hémi-obole éginétique, 0 gr. 58.

    Ibid., n. 1042.

2143. Même description.

Æ 7. — Hémi-obole éginétique, 0 gr. 52.

    Provient de la coll. Dupré.
    Ibid., n. 1043.

2144. Même description.

Æ 6. — Trihémitartémorion éginétique, 0 gr. 38.

    Ibid., n. 1044.

(vers 456-431 av. J.-C.).

2145. Tortue de terre, à trois rangs d'écailles imbriquées.

℞. Carré creux divisé en cinq compartiments irréguliers par de minces bandes en relief.

Æ 23. — Statère, 12 gr. 07.

    Cf. coll. Jameson, *Cat.*, n. 1200.
    Brit. Mus., *Cat.*, p. 138, n. 165.

(vers 404-350 av. J.-C.).

2146. Même description.
℞. Même description, avec **AΙΓ** et un dauphin dans trois des compartiments.
Ⅺ 23. — Statère, 12 gr. 37.

2147. Même description ; à g., ℞.
℞. Même description, avec **N Ι** et dauphin.
Ⅺ 19. — Drachme, 5 gr. 85.

2148. Même description ; à dr., **A**.
℞. Même description, avec **Δ Ι**.
Ⅺ 11. — Obole, o gr. 88.
> Provient de la coll. Dupré.

2149. Même description, avec **A Ι**.
℞. Même description, avec **ΔO P**.
Ⅺ 11. — Obole, o gr. 84.

2150. Même description, sans lettres, ni au droit, ni au revers.
Ⅺ 10. — Obole, o gr. 82.
> Provient de la coll. Dupré.

2151. Tortue de terre.
℞. Carré creux à quatre compartiments.
Ⅺ 7. — Hémiobole, o gr. 45.

CORINTHIE

CORINTHE

(première moitié du VIᵉ siècle av. J.-C.).

2152. Pégase bridé, galopant à g., les ailes recroquevillées. Dessous, Ϙ.
℞. Carré creux formé de quatre triangles se touchant par leur sommet, l'un des côtés échancré.
Ⅺ 19. — Drachme, 2 gr. 78.
> Provient de la coll. Rollin, 1854.
> *Traité,* p. 794, n. 1153.

(av. 550-520 av. J.-C.).

2153. Pégase bridé, au repos, à g., les ailes recroquevillées. Dessous, ϙ.
Ŗ. Carré creux formé d'une sorte de tétraskèle dont chacune des branches est en forme de Γ.
Ŗ 23. — Statère, 8 gr. 51.

> Acquise de Betti.
> *Traité*, p. 795, n. 1155.

2154. Pégase comme ci-dessus, mais se cabrant.
Ŗ. Carré creux comme ci-dessus.
Ŗ 21. — Statère, 8 gr. 40.

> *Traité*, p. 798, n. 1156.

2155. Même description.
Ŗ. Carré creux comme ci-dessus.
Ŗ 26. — Statère, 8 gr. 14.

> *Traité*, n. 1157.

2156. Même description.
Ŗ. Carré creux divisé par un croisillon central au milieu duquel se trouve un globule; dans chaque compartiment, une protubérance quadrangulaire.
Ŗ 20 sur 18. — Statère, 8 gr. 55.

> *Traité*, n. 1161.

2157. Pégase comme ci-dessus.
Ŗ. Carré creux divisé en quatre compartiments, en forme de Γ.
Ŗ 7. — Obole, 0 gr. 45.

> *Traité*, p. 799, n. 1165.

2158. Pégase comme ci-dessus.
Ŗ. Carré creux divisé par un croisillon central.
Ŗ 8. — Obole, 0 gr. 48.

> *Traité*, n. 1166.

2159. Pégase à dr., non bridé, les ailes recroquevillées, au galop sur une base.

R̸. Tête de taureau de face, dans un carré creux.

Æ 27. — Tridrachme attique, 13 gr.

> Acquise de Millingen.
> *Traité*, p. 803, n. 1169.
>
> Cette pièce singulière a sans doute été frappée à l'occasion de l'alliance entre les Athéniens et les Corinthiens, vers 520, sous la tyrannie d'Hippias — à moins qu'elle ne soit une imitation thraco-macédonienne. Il semble qu'on puisse déchiffrer dans le champ du revers, à dr., Ϙ-ΑΥ (?). Svoronos (*L'hellénisme primitif*, p. 122, n. 15) attribue cette monnaie aux Crestones, peuplade de Macédoine.

(vers 520-480 av J.-C.).

2160. Pégase au galop à g., les ailes recroquevillées (non bridé et sans le *koppa*). ·

R̸. Tête d'Athéna Chalinitis à dr., coiffée d'un casque corinthien, l'œil de face, un collier de perles au cou, les cheveux ramassés sur la nuque. Carré creux bordé d'une ligne.

Æ 18. — Statère, 8 gr. 55.

> *Traité*, p. 803, n. 1170.

2161. Pégase comme ci-dessus, à dr.

R̸. Même description que ci-dessus, sans bordure au carré creux.

Æ 19. — Statère, 8 gr. 56.

> Acquise de Rollin, 1854.
> *Traité*, p. 806, n. 1171.

2162. Protomé de Pégase à dr.

R̸. Tête d'Athéna Chalinitis à dr., l'œil de face, un collier de perles au cou, les cheveux ramassés sur la nuque, un ornement en forme de corne sur le front. Carré creux.

Æ 13. — 1 gr. 28.

(vers 480-431 av. J.-C.).

2163. Pégase comme ci-dessus, à dr., avec Ϙ.

R̸. Tête d'Athéna Chalinitis à dr., comme ci-dessus. Carré creux.

Æ 19. — Statère, 8 gr. 75.

> *Traité* (III), p. 391, n. 464.

2164. Pégase comme ci-dessus, à dr., avec Ϙ.

℞. Tête d'Athéna Chalinitis à g., comme ci-dessus, à dr., ♀ et croissant. Carré creux.

Ⱥ 20. — Statère, 8 gr. 44.

Traité, p. 394, n. 469.

2165. Tête et encolure de Pégase à g.
℞. ▲ dans un carré creux.
Ⱥ 10. — Diobole, 0 gr. 95.

2166. Tête et encolure de Pégase à dr. ; dessous, ♀ (?).
℞. ▲ dans un carré creux.
Ⱥ 9. — Diobole, 0 gr. 75.

2167. Pégase au galop à g.
℞. Carré creux divisé diagonalement par un croisillon central.
Ⱥ 7. — Obole, 0 gr. 45.

(vers 431-400 av. J.-C.).

2168. Pégase au pas à dr., les ailes recroquevillées ; dessous, ♀.
℞. Pégase au pas à g., sur une haute base ; dessous, ♀ et globule.
Ⱥ 12. — Diobole, 0 gr. 82.

Traité, p. 402, n. 490.

2169. Pégase volant à g., les ailes recroquevillées. A g., gousse sur sa tige ; dessous, ♀. Grènetis.
℞. ▲-I-O. Pégase cabré de face. Carré creux.
Ⱥ 11. — Diobole, 0 gr. 89.

Acquise de Rollin, 1854.
Traité, p. 399, n. 489.

(vers 400-338 av. J.-C.).

2170. Pégase volant à g. ; il a les ailes en pointe ; dessous, ♀.
℞. Tête d'Athéna Chalinitis, coiffée d'un casque corinthien, par-dessus un large couvre-nuque ; derrière, protomé de cheval à g.
Ⱥ 22. — Statère, 8 gr. 57.

2171. Pégase volant à dr. ; dessous, Ϙ.

    ℞. Même tête à dr. ; à g., double chouette à une seule tête ; à dr., ΕΥΘ (rétrograde ?).

    Æ 23. — Statère, 8 gr. 55.

        Brit. Mus., *Cat.*, p. 39, n. 346.
        Traité, p. 419, n. 539.
        ΕΥΘ[ΥΜΕΝΟΣ] est le nom d'un magistrat. Cf. coll. Santangelo (Naples, n. 10.934), où le nom est inscrit en toutes lettres.

2172. Pégase volant à g. ; dessous, Ϙ.

    ℞. Même tête à g. ; à dr., masque de Silène de face, dessous, ΛΛ.

    Æ 22. — Statère, 8 gr. 57.

        Brit. Mus., *Cat.*, p. 25, n. 244.

2173. Pégase volant à g. ; dessous, Ϙ.

    ℞. Même tête à g. ; dessous, Γ ; à dr., colombe dans une couronne de laurier.

    Æ 21. — Statère, 8 gr. 55.

        Ibid., n. 282.

2174. Autre exemplaire.

    Æ 23. — Statère, 8 gr. 55.

2175. Pégase volant à g. ; dessous, Ϙ.

    ℞. Même tête à g. ; à g., Δ ; à dr., I et petite figure d'Athéna Nicéphore, debout à g.

    Æ 22. — Statère, 8 gr. 57.

        Ibid., n. 309.

2176. Même description.

    ℞. Même description, avec Δ I ; à dr., Artémis portant un flambeau et marchant vers la g.

    Æ 21. — Statère, 8 gr. 57.

        Ibid., n. 313.

2177. Même description.

    ℞. Même description, avec Α Ρ et, à dr., un triton brandissant un trident.

    Æ 21. — Statère, 8 gr. 40.

2178. Même description.

℞. Même description, avec Δ et, à dr., la tête d'Hélios de face.

Æ 21. — Statère, 8 gr. 42.

Ibid., n. 289.

2179. Autre exemplaire.

Æ 22. — Statère, 8 gr. 50.

2180. Même description.

℞. Même description. A dr., A et abeille.

Æ 22. — Statère, 8 gr. 60.

Ibid., n. 218.

2181. Même description.

℞. Même description.

Æ 20. — Statère, 8 gr. 39.

Ibid., n. 224.

2182. Même description.

℞. Même tête à dr. Derrière, fleur (rose).

Æ 22. — Statère, 8 gr. 57.

Ibid., n. 144.
Traité, p. 406, pl. CCIX, fig. 12.

2183. Même description.

℞. Même tête à dr. ; derrière, main tenant un flambeau.

Æ 21. — Statère, 8 gr. 57.

Traité, p. 406, pl. CCIX, fig. 18.
Cf. *ibid.*, n° 143.

2184. Même description.

℞. Même tête à dr. ; à dr., fontaine jaillissant d'une tête de lion ; à g., Zeus tenant un sceptre et brandissant le foudre.

Æ 21. — Statère, 8 gr. 47.

Traité, p. 407, pl. CCX, fig. 1.

2185. Même description.

R̸. Même tête à dr. ; à g., I ; à dr., Niké tenant une bandelette.
Æ 22. — Statère, 8 gr. 62.

Ibid., n. 350.

2186. Même description.
R̸. Même tête à g. ; derrière, N̄ et un canthare.
Æ 20. — Statère, 8 gr. 58.

Ibid., n. 374.

2187. Même description.
R̸. Même tête à g. A dr., Héraclès nu, marchant vers la dr., la peau de lion flottant derrière le dos, tirant de l'arc. Γι (?) et Λ.
Æ 22. — Statère, 8 gr. 43.

2188. Même description.
R̸. Même tête à g. ; à g., I ; à dr., coq debout à g., sur une massue.
Æ 21. — Statère, 8 gr. 67.

2189. Même description.
R̸. Le type du droit incus (erreur de frappe).
Æ 22. — Statère, 8 gr. 50.

2190. Même description.
R̸. Même tête à g. ; à g., Δ ; à dr., I et Artémis marchant vers la g., tenant un flambeau.
Æ 20. — Statère, 8 gr. 60.

2191. Pégase au galop à dr. (le coin a été mutilé).
R̸. Même tête à dr. Au-dessus, EP. A g., figure indéterminée, Niké (?) tenant un candélabre (?).
Æ 22. — Statère, 8 gr. 50.

2192. Pégase au galop à g. ; dessous, Ϙ.
R̸. Même tête à g., avec A et P. A dr., triton. Le couvre-nuque est semé d'un grènetis.
Æ 21. — Statère, 8 gr. 38.

2193. Pégase volant à dr. ; dessous, Ϙ.
R⟮. Même tête à dr., **EYNA**. A g., trépied.
Æ 21. — Statère, 8 gr. 60.

2194. Même description.
R⟮. Même tête à dr., **K** et **A** ; à g., trident.
Æ 21. — Statère, 8 gr. 49.

2195. Pégase au pas à dr., sur une base, les ailes recroquevillées ; dessous, Ϙ**E**.
R⟮. Même tête à dr. ; derrière, tête de taureau à dr. A dr., **EY**.
Æ 21. — Statère, 8 gr. 62.

2196. Pégase à g. sur une base, bridé, la jambe antérieure dr. levée ; dessous, Ϙ.
R⟮. Même tête à g., environnée de six dauphins.
Æ 23. — Statère, 8 gr. 45.

2197. Pégase à dr. sur une base, baissant la tête pour boire ; dessous, Ϙ.
R⟮. Même tête à g. ; à dr., Zeus nu, debout, tenant le sceptre et le foudre.
Æ 21. — Statère, 8 gr. 45.
> Coll. Weber, *Cat.*, n. 3696.
> Pégase s'abreuve ici à la fontaine sacrée de Peirène, au pied de l'Acro-Corinthe.

2198. Pégase à g. sur une base, buvant à une source, la jambe antérieure dr. levée ;
la bride traîne à terre ; dessous, Ϙ.
R⟮. Même tête à g.
Æ 23. — Statère, 8 gr. 53.

2199. Bellérophon chevauchant Pégase au galop à dr. ; il est coiffé du pétase et bran-
dit son javelot ; dessous, Ϙ.
R⟮. Chimère à g. ; à l'ex., **A-Λ** séparés par un bouclier béotien.
Æ 18. — Trihémiobole, 3 gr. 86.
> Traité, p. 426, n. 560. Coll. Weber, *Cat.*, n. 3718-3719.

(vers 338-300 av. J.-C.).

2200. Pégase volant à g. ; dessous, Ϙ.
R⟮. Tête d'Athéna Chalinitis à g., coiffée d'un casque couronné d'olivier ; au-
dessous, **A** et **P** ; à dr., charrue.
Æ 22. — Statère, 8 gr. 62.
> Coll. Weber, *Cat.*, n. 3723.

2201. Même description.
R⸌. Même description. A g., **A** et **P**. A dr., égide avec tête de Gorgone.
Æ 21. — Statère, 8 gr. 55.

2202. Autre exemplaire (mutilé).
Æ 21. — Statère, 6 gr. 70.

2203. Même description.
Æ 21. — Statère, 8 gr. 65.

2204. Même description.
R⸌. Même description, avec **A** et **P**, et à dr., une corne d'abondance contenant deux épis.
Æ 22. — Statère, 8 gr. 62.

2205. Même description.
R⸌. Même description, avec **A** et **P** et à dr., Athéna Promachos.
Æ 23. — Statère, 8 gr. 58.

2206. Même description.
R⸌. Même description, avec **A** et **P** et, à dr., sanglier courant vers la g., sur une base.
Æ 22. — Statère, 8 gr. 55.
Coll. Weber, *Cat.*, n. 3721 et 3722.

2207. Même description (le casque n'est pas lauré).
R⸌. Tête d'Athéna Chalinitis à g., coiffée d'un casque corinthien. A dr., Hermès drapé, de face, sur un cippe, tenant une palme.
Æ 21. — Statère, 8 gr. 42.

2208. Même description.
R⸌. Tête d'Athéna Chalinitis à g. Le casque est orné d'une couronne de chêne. A dr., **E** et Hermès barbu, à g. sur un cippe.
Æ 21. — Statère, 8 gr. 17.
Coll. Hunter, pl. XXVI, n. 17:

2209. Pégase volant à g. Dessous, **ϙ**.

R̸. Tête d'Aphrodite à dr., les cheveux dans un *saccos* et dans une *ampyx*, parée de boucles d'oreilles et d'un collier.
Æ 15. — Hémidrachme, 2 gr. 69.

2210. Même description.
R̸. Tête d'Aphrodite à g., les cheveux retenus par des bandelettes enroulées ; à dr., Δ.
Æ 16. — Hémidrachme, 2 gr. 70.

2211. Protomé de Pégase volant à g. ; dessous, Ϙ.
R̸. Tête d'Aphrodite à g., les cheveux en bourrelets sur les tempes, une mèche flottant derrière le cou, parée d'un collier. A g., Γ.
Æ 12. — Diobole, 1 gr. 38.

2212. Pégase volant à g. ; dessous, Ϙ.
R̸. Tête de Gorgone, la bouche close, de face.
Æ 9. — Obole, o gr. 65.

2213. Pégase volant à g. ; dessous, Ϙ.
R̸. Pégase marchant à g., sur une base. A dr., I.
Æ 10. — Diobole, o gr. 92,

E. Babelon. *Traité*, p. 439, n. 598.

CORINTHE, COLONIE ROMAINE

2214. **PLAVTILLAE AVGVSTAE.** Buste de Plautilla à dr.
R̸. C·L·I· COR. Artémis debout à g., sur un rocher, tenant le bouclier d'Arès dans lequel elle se mire.
Æ 24. — 6 gr. 35.

Brit. Mus., *Cat.*, p. 88, n. 665.

PÉLOPONNÈSE

PHLIASIE

PHLIONTE

(vers 400-360 av. J.-C.).

2215. **ΑΙΞΛ[Φ]** (rétrograde). Taureau cornupète debout à g., sur une base, la patte antérieure gauche levée.

℞. **ΣΙ ИΩ** (fin de la légende du droit : **ΦΛΕΙΑΣΙΩΝ**) roue à quatre rais, dans un carré creux.

Æ 18. — Drachme, 5 gr. 45.

Acquise de Rollin, 1854.

Traité, p. 511, n. 720 ; Brit. Mus., *Cat.*, p. 33, n. 1 ; coll. Jameson, *Cat.*, n. 1217 ; coll. Weber, *Cat.*, n. 3875.

Le type du droit est peut-être celui de Dionysos tauromorphe, ou encore du dieu-fleuve Asopos.

(vers 360-322 av. J.-C.).

2216. Taureau cornupète debout à g., sur une base, la patte antérieure g. levée ; en haut, **I** ; à l'ex., un globule.

℞. **Φ** et trois grappes de raisin, entre les quatre rais d'une roue ; au centre, *omphalos* (?).

Æ 13. — Obole, 1 gr. 27.

Brit. Mus., *Cat.*, p. 35, n. 14 ; coll. Weber, *Cat.*, p. 3886.

2217. Même description.

℞. **Φ** au centre d'une couronne de lierre.

Æ 17. — Diobole, 2 gr. 55.

Brit. Mus., *Cat.*, p. 35, n. 25.

2218. Taureau complète, à g.
 R̴. Φ entre deux globules.
 Æ 13. — 1 gr. 97.

2219. Même type.
 R̴. Φ et trois globules.
 Æ 12. — 1 gr. 70.

2220. Même type.
 R̴. Φ entre quatre globules.
 Æ 12. — 1 gr. 95.

SICYONIE

SICYONE

(vers 431 à 400 av. J.-C.).

2221. Chimère marchant à g., sur une base ; sous le ventre, ΣΕ.
 R̴. Colombe volant à g., dans une couronne d'olivier.
 Æ 26. — Statère, 12 gr. 34.

> Acquise de Thomas.
> Brit. Mus., *Cat.*, p. 38, n. 22.
> *Traité* (III), p. 523, n. 759.

2222. ΣΕ. Colombe posée à g., les ailes éployées pour prendre son vol.
 R̴. Colombe volant à g., dans une couronne d'olivier.
 Æ 18. — Drachme, 6 gr. 85.

> Brit. Mus., *Cat.*, p. 38, n. 62.
> *Traité*, p. 523, n. 765.

2223. Chimère à g. ; sous le ventre, ΣΕ.
 R̴. Colombe comme ci-dessus.
 Æ 19. — Drachme, 5 gr. 67.

> *Traité*, n. 763.

2224. Lion passant à g. ; au-dessus, ⋟ ; au-dessous, Η.

℞. Colombe volant à g., dans une couronne d'olivier.

Æ 9. — Hémiobole, 0 gr. 40.

Acquise de Hoffmann, 1861.
Traité, p. 526, n. 770. La lettre **H**, au droit, est l'initiale de ἡμιοϐόλιόν.

(vers 400-300 av. J.-C.).

2225. Chimère marchant à g., sur une base ; sous le ventre, **ΣE**. En haut, à dr., couronne d'olivier.

℞. Colombe volant à g., dans une couronne d'olivier ; à dr., **I**.

Æ 24. — Statère, 12 gr. 15.

Brit. Mus., *Cat.*, p. 45, n. 109. Coll. Hunter, *Cat.*, pl. XXXVII, n. 16.
Traité, p. 527, n. 775.

2226. Chimère à g. ; sous le ventre, **ΣI**.

℞. Colombe comme ci-dessus ; à g., **I**.

Æ 20. — Drachme, 5 gr. 60.

Traité, p. 534, n. 802.
Brit. Mus. *Cat.*, p. 45, n. 109.

2227. Même description, avec **ΣI**.

℞. Colombe volant à g.

Æ 15. — Hémidrachme, 2 gr. 81.

Provient de la coll. Dupré.

2228. Chimère à g. ; sous le ventre, **ΣI**.

℞. Colombe volant à g. ; dans le ch., un globule.

Æ 16. — Hémidrachme, 2 gr. 35.

2229. Même description.

℞. Même description. Dans le ch., à dr., trois globules en triangle.

Æ 16. — Hémidrachme, 2 gr. 67.

2230. Apollon nu, agenouillé à dr., tenant un arc.

℞. **ΣE** dans une couronne d'olivier.

Æ 10. — Obole, 0 gr. 53.

(vers 251-146 av. J.-C.).

2231. Colombe volant à dr. A g., O (?). A dr., I.

℞. Grand Σ et ΚΛΕ ΑΝ ΔΡΟΣ dans un carré creux.

Ⱥ 17. — Hémidrachme, 2 gr. 40.

Cf. Brit. Mus., *Cat.*, p. 52, n. 195.

2232. Colombe volant à dr.

℞. Grand Σ et ΟΛΥΜ ΠΙΑ[ΔΑΣ] dans un carré creux.

Ⱥ 15. — Hémidrachme, 2 gr. 12.

Cf. Brit. Mus., *Cat.*, p. 53, n. 219.

2233. Tête d'Apollon lauré à dr., les cheveux longs.

℞. ΑΙΝΕΑ[Σ]. Colombe volant à g. ; à dr., ΣΙ.

Æ 18. — 4 gr. 95.

Brit. Mus., *Cat.*, p. 55, n. 234.

2234. Même tête à dr.

℞. ΑΠΟΛΛωΝΙΟ[Σ]. Colombe volant à g., tenant dans son bec une cordelette à trois nœuds.

Æ 19. — 4 gr. 35.

Brit. Mus., *Cat.*, p. 55, n. 236.

2235. Colombe volant à g. Ε.

℞. ΣΙ dans une couronne d'olivier.

Æ 15. — 2 gr. 03.

2236. Mufle de lion de face, tenant dans la gueule un fer de lance.

℞. Σ dans une couronne d'olivier.

Æ 17. — 3 gr. 10.

2237. Tête de Cérès à dr., voilée et couronnée d'épis ; derrière, un globule.

℞. Colombe volant à dr. Deux globules. A g., ..Α...

Æ 21. — 6 gr. 60.

ACHAÏE

AEGIUM

(après 146 av. J.-C.).

2238. **AIΓIEⲰN**. Tête de Zeus lauré, à dr. Grènetis.
R⁄. **API CTO ΔA MOC** autour d'un monogramme : X, le tout dans une couronne de laurier.
 Æ 17. — 2 gr. 35.

PELLENE

(vers 370-332 av. J.-C.).

2239. Tête d'Apollon lauré, à dr., les cheveux flottant sur le cou. Derrière la nuque, ΓE ; sous la tranche du cou, Λ.
R⁄. **ΓEΛ** dans une couronne de laurier.
Æ 15. — 2 gr. 81.
Brit. Mus., *Cat.*, p. 31, n. 3.

ÉLIDE

OLYMPIE

(vers 510-471 av. J.-C.).

2240. Aigle volant à dr., tenant dans son bec et ses serres un serpent qui s'enroule autour de son corps et cherche à le mordre à la tête.
R⁄. **F-A**. Niké, les ailes éployées, marchant à g., relevant de la main g. baissée les plis de sa robe, et tenant de la main dr. une couronne. Aire creuse circulaire.
Æ 26. — Statère éginétique, 11 gr. 67.
Acquise de Hoffmann, 1861.
Traité, p. 898, n. 1260 ; Brit. Mus., *Cat.*, p. 59, n. 8. Ch. T. Seltman, *The temple coins of Olympia*, Cambridge, 1921, pl. I, BG, Nπ. Nous avons suivi dans notre catalogue l'ordre chronologique établi par cet auteur.

(vers 471-452 av. J.-C.).

2241. Aigle volant à dr., tenant dans son bec et ses serres un serpent enroulé autour de son corps.

℞. F-A. Foudre muni de quatre ailes ; deux d'entre elles sont enroulées en volutes, les deux autres recroquevillées. Aire creuse circulaire.

Æ 23. — Statère éginétique, 12 gr. 37.

Acquise de Hoffmann, 1861.

Traité, p. 895, n. 1258 ; Brit. Mus., *Cat.*, p. 58, n. 2 ; Seltman, *op. cit.*, pl. II, AG, ας.

(vers 452-432 av. J.-C.).

2242. Aigle à g., debout sur une base, les ailes soulevées ; devant lui, le cadavre d'un autre oiseau. En haut, à g., petite contremarque de type incertain.

℞. [F]ΑΛΕΙΟΝ. Niké, les ailes soulevées, assise de trois quarts à dr. sur une base carrée ; elle est drapée et appuie sa tête sur sa main g. ; de la main dr. baissée, elle tient une couronne. Carré creux.

Æ 24. — Statère éginétique, 12 gr. 82.

Acquise de Hoffmann, 1861.

Traité, II, III, p. 711, n. 1053 ; coll. Jameson, *Cat.*, n. 1126 ; Seltman, *op. cit.*, pl. IV, BF, γβ.

(vers 432-421 av. J.-C.).

2243. Aigle de trois quarts à dr., battant des ailes, le corps dressé, tenant un serpent dans son bec et ses serres. Au bas, les lettres Δ et A. A dr., contremarque incertaine.

℞. F-A. Foudre ailé. Grènetis.

Æ 26. — Statère éginétique, 12 gr. 10.

Acquise de Hoffmann, 1861.

Traité, p. 723, n. 1077 ; Brit. Mus., *Cat.*, p. 61, n. 27 ; coll. Jameson, *Cat.*, n. 1228 ; Seltman, *op. cit.*, pl. V, BN, γχ. Les lettres ΔA seraient, d'après M. Percy Gardner, les initiales du graveur Daedalos de Sicyone ; mais M. Seltman conteste le bien fondé de cette hypothèse, pour des raisons chronologiques. L'activité de Daedalos à Olympie ne prend place que vers 400 av. J.-C.

(vers 431-421 av. J.-C.).

2244. Aigle à dr., les ailes repliées, dépeçant un lièvre qu'il tient renversé dans ses serres.

℞. F-A. Foudre ailé ; le tout dans une couronne d'olivier.

Æ 23. — Statère éginétique, 12 gr. 30.

> Acquise de Hoffmann, 1860.
> *Traité*, p. 722, n. 1073 ; Brit. Mus., *Cat.*, p. 67, n. 29 ; Seltman, *op. cit.*, pl. V, BP, γξ.

(vers 421-385 av. J.-C.).

2245. Tête de Héra à dr., coiffée du *stéphanos* orné de feuilles d'olivier.

℞. Foudre ailé ; de part et d'autre, des feuilles d'olivier recroquevillées ; le tout dans une couronne de laurier.

Æ 24. — Statère éginétique, 12 gr. 10.

> *Traité*, p. 739 ; n. 1106 ; Seltman, *op. cit.*, pl. X, EN. Ces monnaies furent émises dans l'atelier du temple de Héra, à Olympie, indépendamment des séries frappées dans l'atelier de Zeus.

2246. Même description ; avec H-PA sur le *stéphanos*.

℞. Même description, avec F-A à la place des feuilles d'olivier.

Æ 24. — Statère éginétique, 12 gr.

> *Traité*, p. 739, n. 1108 ; Seltman, *op. cit.*, pl. IX, ED.

2247. Même tête à dr. Sur le *stéphanos*, HPA.

℞. F-A. Foudre ailé.

Æ 11. — Obole éginétique, 1 gr. 10.

> *Traité*, p. 742, n. 1113 ; Seltman, *op. cit.*, pl. XII, 6.

(vers 421-365 av. J.-C.).

2248. Bouclier bombé décoré d'un aigle, les ailes repliées, debout à g., tenant un serpent dans son bec et ses serres.

℞. F-A (la lettre A incuse). Foudre ailé, l'une des pointes cachées par une aile rabattue.

Æ 24. — Statère éginétique, 12 gr.

> Acquise de Hoffmann, 1859.
> *Traité*, p. 734, n. 1094 ; Brit. Mus., *Cat.*, p. 62, n. 34 ; Seltman, *op. cit.*, pl. V, BW, δθ. Le foudre à la pointe voilée rappellerait, d'après E. Babelon (p. 735), l'offense faite à Zeus par les Lacédémoniens qui, en 420, rompirent la trêve sacrée.

2249. Bouclier bombé décoré d'un aigle comme ci-dessus, dévorant un bélier. Au bas, un fleuron incus.

9

℞. Même description que ci-dessus.

Æ 24. — Statère éginétique, 11 gr. 66.

> *Traité*, p. 734, n. 1093 ; Seltman, *op. cit.*, pl. V, BW, 80.

2250. Aigle à dr., les ailes soulevées, tuant à coups de bec un lièvre qu'il tient par le dos dans ses serres.

℞. FA. Foudre ailé. Carré creux.

Æ 12. — Obole, 0 gr. 90.

> Acquise de Hoffmann, 1861.
> *Traité*, p. 718, n. 1070 ; Seltman, *op. cit.*, pl. VIII, n. 16.

2251. Tête d'aigle à g. ; dessous, feuille de chêne.

℞. F-A. Foudre ailé ; le tout dans une couronne d'olivier non fermée.

Æ 22. — Statère éginétique, 11 gr. 72.

> Acquise de Hoffmann, 1860.
> *Traité*, p. 726, n° 1079. Sur d'autres exemplaires, on lit ΔA au droit, sur la feuille de chêne. Voyez la note du n° 2243. Cf. coll. Jameson, *Cat.*, n. 1231 ; Seltman, *op. cit.*, pl. V, BS γσ.

2252. Même description ; sous le bec, ΓO ; sans feuille de lierre.

℞. F-A. Même description, couronne fermée.

Æ 17. — Hémidrachme éginétique, 2 gr. 83.

> Acquise de Hoffmann, 1861.
> *Traité*, p. 727, n. 1082 ; coll. Jameson, *Cat.*, n. 1232. On a voulu reconnaître dans les lettres qui figurent au droit de cette pièce les initiales du nom d'un graveur, peut-être Polyclète — soit Polyclète l'Ancien, auteur de la statue de Héra à Argos, soit Polyclète le Jeune, qui travailla à Olympie, à Argos, à Épidaure, avant le milieu du IVᵉ siècle (Percy Gardner, *Num. Chron.*, t. XIX, p. 253).

(vers 385-365 av. J.-C.).

2253. F-A. Tête de Héra à dr., le *stéphanos* orné de palmettes.

℞. Aigle, les ailes repliées, debout à dr., détournant la tête. Couronne d'olivier au pourtour.

Æ 24. — Statère éginétique, 12 gr. 25.

> *Traité*, p. 738, n. 1098 ; Seltman, *op. cit.*, pl. X, ES, θx. Voyez les notes du n° 2245.

2254. F-A. Même description. Sur le *stéphanos*, on lit H P A.

R̸. Aigle, les ailes soulevées, de trois quarts à g., détournant la tête. Couronne d'olivier au pourtour.

Æ 24. — Statère éginétique, 12 gr. 20.

Traité, p. 738, n. 1100 ; coll. Jameson, *Cat.*, n. 1259 ; Seltman, *op. cit.*, pl. X, EU, θξ.

2255. Ϝ-[A]. Tête de Héra à dr., portant un haut *stéphanos* orné de palmettes.

R̸. Γ-O. Aigle debout à dr., les ailes soulevées, détournant la tête. Le tout dans une couronne d'olivier.

Æ 25. — Statère éginétique, 12 gr. 07.

Traité, p. 734, n. 1091 ; coll. Jameson, *Cat.*, n. 1238 ; Seltman, *op. cit.*, pl. X, EQ, θθ. On a interprété parfois les lettres ΠO qui figurent au revers de cette pièce, comme le début de la signature de Polyclète (voy. n° 2252).

(vers 363-343 av. J.-C.).

2256. Tête laurée de Zeus Olympien, à dr.

R̸. ϜΑΛΕΙΩΝ. Aigle debout à dr. les ailes repliées, sur un chapiteau ionique.

Æ 24. — Statère, 11 gr. 72.

Traité, p. 754, n. 1147 ; Seltman, *op. cit.*, pl. VI, CE, δτ. Le chapiteau qui figure ici, est celui qui surmontait la *meta* du stade olympique.

2257. Tête laurée de Zeus Olympien à dr.

R̸. Ϝ-A et A-P. Aigle à dr., les ailes repliées, debout sur un chapiteau ionique.

Æ 25. — Statère éginétique, 11 gr. 88.

Acquise de Hoffmann, 1861.
Traité, p. 755, n. 1155 ; Seltman, *op. cit.*, pl. VI, CH, εβ.

(vers 363-323 av. J.-C.).

2258. Tête de Héra à dr., les cheveux relevés, coiffée d'un *stéphanos* sur lequel on lit : ϜΑΛΕΙΩΝ.

R̸. Aigle de trois quarts à dr., détournant la tête, les ailes soulevées. Dans le ch. à dr., trace d'un symbole indéterminé.

Æ 16. — Hémidrachme éginétique, 2 gr. 85.

Traité, p. 751, n. 1142 ; Seltman, *op. cit.*, pl. XIII, 29. Voy. la note du n° 2245.

2259. Tête de Héra à g., les cheveux relevés, ceinte d'un *stéphanos* orné de palmettes avec les lettres Ϝ-A.

℞. Aigle debout à g. les aigles repliées ; derrière, foudre, le tout dans une couronne d'olivier.

Ӕ 25. — Statère éginétique, 12 gr. 10.

Acquise de Hoffmann, 1861.
Traité, p. 747, n. 1128; Seltman, *op. cit.*, pl. XI, FG, ιω.

2260. F-A. Tête de Héra à dr., les cheveux relevés, ceinte d'un *stéphanos* sur lequel on lit : FΑΛΕΙΩΝ. Collier et pendants d'oreilles.

℞. Aigle debout de trois quarts à g., tenant une proie dans ses serres, détournant la tête, les ailes soulevées. Couronne d'olivier au pourtour.

Ӕ 25. — Statère éginétique, 12 gr. 13.

Acquise de Hoffmann, 1861.
Traité, p. 751, n. 1138 ; Brit. Mus., *Cat.*, p. 69, n. 101 ; Seltman, *op. cit.*, pl. XI, FG, ιω.

(vers 323-300 av. J.-C.).

2261. Tête laurée de Zeus à dr.

℞. AP- et F-A. Foudre ailé. Le tout dans une couronne d'olivier.

Ӕ 15. — Hémidrachme, 2 gr. 70.

Traité, p. 758, n. 1160. Cf. Brit. Mus., *Cat.*, n. 127.

2262. Même description, avec F-A au revers.

Ӕ 15. — Hémidrachme, 2 gr. 22.

2263. Tête laurée de Zeus à dr.

℞. F-A. Aigle debout à dr., les ailes repliées. Devant, feuille d'olivier.

Ӕ 15. — Hémidrachme, 2 gr. 70.

2264. Autre exemplaire.

Ӕ 16. — Hémidrachme, 2 gr. 78.

Provient de la coll. Dupré.

(vers 271-191 av. J.-C.).

2265. Tête laurée de Zeus à g.

℞. F-A et A-PI. Aigle debout à dr., les ailes repliées, tenant une proie dans ses serres. A g., foudre vertical ; à dr., couronne d'olivier.

Ӕ 25. — Statère éginétique, 12 gr. 17.

Acquise de Hoffmann, 1861.
Traité, p. 755, n. 1157 ; Seltman, *op. cit.*, pl. VIII, DH, ζυ.

2266. Même tête à dr. ; dessous, **A**.

R/. **F-A**. Aigle debout à dr., les ailes repliées. A dr. foudre.

Æ 24. — Statère éginétique, 11 gr. 93.

Traité, p. 758, n. 165 ; Seltman, *op. cit.*, pl. VIII, DD, ζο.

2267. Tête de Zeus lauré à dr.

R/. Aigle debout à dr., détournant la tête. A g., symbole indéterminé. A dr.,ΤΑΡ

Æ 22. — 6 gr. 98.

CÉPHALLÊNIE

CRANION

(vers 500 av. J.-C.).

2268. ΚΡΑ[ΝΙ] Bélier marchant à g.

R/. ΉΚΑ autour d'un arc, dans un carré creux.

Æ 15. — Triobole éginétique, 2 gr. 90.

Provient de la coll. de Lagoy.
Cf. *Traité*, p. 910, n. 1274.

2269. ΚΡΑΝΙ. Bélier marchant à g.

R/. Arc et globule dans un carré creux.

Æ 13. — Triobole éginétique, 2 gr. 90.

Cf. *Traité*, p. 907, n. 1272. Coll. Jameson, *Cat.*, n. 1247.

2270. Même description, avec un globule.

R/. Même description.

Æ 13. — Triobole éginétique, 2 gr. 62.

Cf. *Traité*, p. 907, n. 1273.

2271. Protomé de bélier couché à g., l'une des pattes repliées.

R/. **TRI** (τριημιοϐόλιον) dans un carré creux.

Æ 11. — Trihémiobole éginétique, 1 gr. 45.

Cf. *Traité*, p. 290, n. 1275.

2272. Tête de bélier à g.

R/. Arc dans un carré creux.

Æ 9. — Obole éginétique, 1 gr. 02.

Provient de la coll. de Lagoy.
Cf. *Traité*, p. 910, n. 1276.

PALÉ

(*vers 430-370 av. J.-C.*).

2273. **Γ-Α.** Tête juvénile de Céphale à dr.

 ℞. **ΚΕΦΑΛΟΣ.** Céphale en jeune chasseur, assis à dr. sur un rocher recouvert d'une draperie ; de la main g., il tient son épieu de chasse, ét de la main dr. il s'appuie sur le rocher.

 Ɑ̸ 17. — Tétrobole, 3 gr. 71. ·

> Provient de la coll. de Lagoy.
> *Traité* (III), p. 796, n. 1244 ; Brit. Mus., *Cat.*, p. 84, n. 2 ; coll. Jameson, *Cat.*, n. 1248 ; coll. H. Weber, *Cat.*, n. 4099.

2274. Tête juvénile de Céphale, à dr., les cheveux disposés en deux rangs de boucles frisées.

 ℞. **ΚΕΦΑ..** Céphale assis à dr. sur un rocher, tenant son épieu verticalement, de la main g.

 Ɑ̸ 12. — Diobole, 1 gr. 80.

> Provient de la coll. Dupré.
> *Traité*, p. 798, n. 1246.

(*vers 375-300 av. J.-C.*).

2275. **Γ-Α.** Tête de la nymphe Procris à g., couronnée de roseaux, parée de pendants d'oreilles et d'un collier.

 ℞. **ΚΕΦΑΛΟΣ.** Céphale assis à g. sur un rocher sur lequel il s'appuie de la main g., et tenant son épieu de la main dr.

 Ɑ̸ 17. — Tétrobole, 3 gr. 50.

> Provient de la coll. de Lagoy.
> *Traité*, p. 799, n. 1247 ; Brit. Mus., *Cat.*, p. 86, n. 21.

2276. Gouvernail avec sa poignée, entre un dauphin et un fer de lance.

 ℞. **ΓΑ.** Épi de blé barbelé.

 Ɑ̸ 16. — Triobole, 2 gr. 25.

> Provient de la coll. de Lagoy.
> *Traité*, n. 802, n. 1257.

2277. Dauphin à g. Au-dessous, les flots figurés par des volutes.

℞. Un grant Π avec au centre un grain d'orge.

Æ 15. — 3 gr. 62.

Cf. *Traité*, p. 802, n. 1259.

SAMÉ

(vers 400-375 av. J.-C.).

2278. Tête de Céphale à g., les cheveux retenus par un bandeau.

℞. ΣΑΜΑΙ-ΝΩ. Le chien Laelaps à dr.

Ꭱ 15. — Tétrobole, 3 gr. 64.

Traité, p. 803, n. 1263 ; Brit. Mus., *Cat.*, p. 90, n. 1.

(vers 375-300 av. J.-C.).

2279. Tête d'Athéna de trois quarts à dr., coiffée d'un casque à triple aigrette.

℞. [Σ]ΑΜΑΙ. Bélier à g., sur une base.

Ꭱ 14. — Triobole, 2 gr. 50.

Traité, p. 806, n. 1266 ; Brit. Mus., *Cat.*, p. 90, n. 5.

ZACYNTHE

(vers 456-405 av. J.-C.).

2280. Tête d'Apollon à dr., les cheveux longs flottant sur le cou.

℞. Ι-Α. Trépied.

Ꭱ 7. — Hémiobole zacynthienne, o gr. 37.

Traité, p. 778, n. 1190 ; Brit. Mus., *Cat.*, p. 95, n. 15.

(vers 357 av. J.-C.).

2281. Tête laurée d'Apollon à dr., les cheveux longs flottant sur le cou.

℞. ΙΑ et ΔΙΩΝΟΣ. Trépied.

Ꭱ 24. — Statère éginétique, 11 gr. 25.

Traité, p. 787, n. 1212 ; Brit. Mus., *Cat.*, p. 97, n. 29 ; coll. Jameson, *Cat.*, n. 1250.

Cette monnaie porte le nom du fameux Dion de Syracuse, tyran de Zacynthe, en 357.

MESSÉNIE

MESSÈNE

(vers 369-338 av. J.-C.).

2282. Tête de Déméter ceinte d'une couronne d'épis, à g., les cheveux relevés, parée de pendants d'oreilles et d'un collier.

℞. **ΜΕΣΣ-ΑΝΙΩΝ**. Zeus Ithomatas nu, debout à g., la jambe g. avancée, brandissant le foudre ; un aigle est perché sur son bras g. tendu.

Ⓡ 17. — Triobole éginétique, 3 gr.

> Provient de la coll. Northwick.
> *Traité*, p. 686, n. 1026 ; comparez Brit. Mus., *Cat.*, p. 110, n. 11 et coll. H. Weber, *Cat.*, n. 4124. Le type du revers est la reproduction de la statue de Zeus Ithomatas, par Agélaidas.

2283. Tête de Zeus diadémé à dr. A g., globule. Grènetis.

℞. **ΜΕ-Σ** et trépied, dans une couronne d'olivier.

Ⓡ 15. — Triobole éginétique, 2 gr. 50.

2284. Tête de Zeus lauré à dr.

℞. **M-E**. Trépied.

Æ 12. — 1 gr. 30.

MOTHONÉ

(vers 338 av. J.-C.).

2285. Héphaistos marchant à dr. ; il est barbu, coiffé du *pilos*, vêtu d'une tunique courte serrée à la taille ; des deux mains, la dr., ramenée en arrière, la g. levée, il tient une longue hampe terminée par une torche allumée.

℞. **MO**, occupant tout le champ.

Æ 18. — 2 gr. 40.

> *Traité*, p. 698, n. 1035. Le type de cette pièce est sans doute une allusion aux lampadophories célébrées à Mothoné en l'honneur d'Héphaistos.

LACONIE

LACÉDÉMONE
(310-266 av. J.-C.).

2286. Tête du roi Aréos diadémé, imberbe, à g.

R̥. Λ [A]. Statue archaïque de l'Apollon d'Amyclées, casqué, tenant l'arc et brandissant la lance ; à sa g., chèvre ; à g., dans le ch., couronne d'olivier.

Æ 25. — Tétradrachme, 15 gr. 89.

> Brit. Mus., *Cat.*, p. 121, n. 1 ; coll. Jameson, *Cat.*, n. 1252 ; coll. Weber, *Cat.*, p. 4141.
> On distingue ici, sur la robe, les traces de l'aplustre, très net sur d'autres exemplaires.

(vers 192-146 av. J.-C.).

2287. Tête d'Héraclès à dr., lauré. Grènetis.

R̥. Λ A. Amphore entre les bonnéts des Dioscures, le tout dans une couronne d'olivier.

Æ 15. — Tétrobole, 2 gr. 22.

> Brit. Mus., *Cat.*, p. 122, n. 6.

(vers 146-32 av. J.-C.).

2288. Tête d'Apollon lauré à dr., deux tresses de cheveux pendant sur le cou, le carquois à l'épaule. A g., ΤΙΜΑΝΔΡ[ΟΣ]. Grènetis.

R̥. Λ-A et K-M. Artémis debout à g., s'appuyant sur sa lance ; devant elle, un chien bondissant. Le tout dans une couronne d'olivier.

Æ 30. — 13 gr. 87.

2289. Buste d'Apollon à dr. Grènetis.

R̥. Λ-A et Æ-K. Aigle debout à dr.

Æ 19. — 5 gr. 02.

2290. Tête de Zeus barbu et lauré, à dr.

R̥. Λ A et ΕΠΙ ΕΥΡΥΚΛΕΟΣ. Massue.

Æ 21. — 4 gr. 55.

> Brit. Mus., *Cat.*, p. 127, n. 63.

ARGOLIDE

ARGOS

(vers 500 av. J.-C.).

2291. Protomé de loup à g., en arrêt, les pattes avancées ; sur l'épaule, une contre-marque incertaine.

R/. Carré creux dans lequel est inscrit un grand A à traverse oblique ; de chaque côté de la pointe de la lettre, un petit carré profond, et un globule de chaque côté de la barre transversale.

Æ 14. — Triobole éginétique, 2 gr. 90.

Traité, p. 830, n. 1204.
Brit. Mus., *Cat.*, p. 136, n. 1.

2292. Tête de loup à g.

R/. Même description que ci-dessus, avec deux globules dans la lettre A.

Æ 9. — Obole éginétique, 1 gr. 05.

Traité, p.830, n.1203.

(vers 468-421 av. J.-C.).

2293. Tête de loup à g.

R/. Carré creux dans lequel est inscrit un grand A ; de part et d'autre, un petit carré creux ; dans la lettre, un globule.

Æ 10. — Obole éginétique, 0 gr. 96.

Traité (t. III), p. 450, n. 609.

(vers 421-343 av. J.-C.).

2294. Tête de Héra à dr., coiffée d'un haut *stéphanos* orné de fleurons et de volutes, les cheveux déroulés sur la nuque, parée d'un collier.

R/. ΑΡΓΕΙΩΝ. Deux dauphins nageant en sens inverse ; entre eux deux, un loup en arrêt à g.

Æ 26. — Statère éginétique, 12 gr. 98.

Acquise de Rollin, 1854.
Traité, p. 458, n. 618 ; Brit. Mus., *Cat.*, p. 138, n. 33.
La tête d'Héra symbolise ici l'alliance d'Argos et d'Elis.

2295. Rosace à cinq pétales autour d'un globule central.

R⁄. Casque corinthien de profil à dr. Carré creux.

Æ 8. — Hémiobole éginétique, 0 gr. 49.

> *Traité*, p. 455, n. 614; coll. Weber, *Cat.*, n. 4173.
> Imhoof-Blumer, *Mon. Gr.*, p. 463, n. 22. Le casque est le symbole de l'alliance d'Argos et de Corinthe.

2296. Tête de Héra à dr., coiffée du *stéphanos*, les cheveux formant un gros bourrelet autour du front.

R⁄. A-P. Le Palladium : Athéna debout à dr., vêtue d'un chiton talaire, le *péplos* passé sur les bras, le bouclier sur le bras g. levé, brandissant sa lance.

Æ 13. — Trihémiobole éginétique, 1 gr. 45.

> Cf. *Traité*, p. 462, n. 628.
> Brit. Mus., *Cat.*, p. 140, n. 48. Diomède, le ravisseur du Palladium, était argien.

2297. Tête de Héra à g., coiffée d'un haut *stéphanos*, les cheveux flottants.

R⁄. TTT. La clef sacrée de l'Héraion, à laquelle sont suspendues deux bandelettes noueuses terminées par des glands.

Æ 10. — Tritartémorion, 0 gr. 52.

> *Traité*, p. 462, n. 630; Brit. Mus., *Cat.*, p. 139, n. 42; coll. Weber, *Cat.*, n. 4176. Les trois lettres du revers désignent le *tritartémorion*. Sur le type de la clef, voy. Heydemann, *Zeitschr. f. Num.*, III, 113-122.

(*vers 343-280 av. J.-C.*).

2298. Protomé de loup à dr., la gueule béante.

R⁄. A ; de chaque côté de la pointe, Φ-A ; entre les jambages, massue.

Æ 15. — Tétrobole attique, 2 gr. 23.

> Provient de la coll. Dupré.
> *Traité*, p. 467, n. 635.
> Brit. Mus., *Cat.*, p. 142, n. 82.

2299. Même description.

R⁄. A ; de chaque côté de la pointe, un petit carré creux, et Λ-I ; entre les jambages, couronne. Le tout dans un carré creux.

Æ 14. — Tétrobole attique, 2 gr. 61.

> Cf. *Traité*, p. 467, n. 634 avec, au revers, A — I.

2300. Loup à g., en arrêt, la queue ramenée entre les jambes. Au-dessus, ☉.

R̸. Casque corinthien à g. Dessous, **A P** (?).

Æ 12. — Obole éginétique, 1 gr. 05.

Cf. *Traité*, p. 471, n. 651 avec, au revers, **A P** et **Δ E**.
Brit. Mus., *Cat.*, p. 143, n. 88.

2301. Tête de Héra à dr. Sur le *stéphanos*, **APΓ**.

R̸. Le Palladium à g.

Æ 16. — 3 gr. 88.

Brit. Mus., *Cat.*, p. 144, n. 106.

2302. Tête d'Artémis à dr.

R̸. Loup en arrêt, à dr. Au-dessus, **X**.

Æ 16. — 3 gr. 25.

ÉPIDAURE

(vers 350-323 av. J.-C.).

2303. Tête laurée et barbue d'Asclépios à g.

R̸. **E** dans une couronne de laurier.

Æ 13. — Hémidrachme éginétique, 2 gr. 37.

Provient de la coll. Dupré.
Traité, p. 486, n. 675 ; Brit. Mus., *Cat.*, p. 156, n. 1.

HERMIONE

(vers 350 av. J.-C.).

2304. Tête de Déméter chtonienne à g., couronnée d'épis, les cheveux relevés autour
du front et retombant sur le cou.

R̸. **E** dans une couronne d'épis.

Æ 17. — Triobole éginétique, 2 gr. 80.

Provient de la coll. Dupré.
Cf. *Traité*, p. 506, n. 705 ; Brit. Mus., *Cat.*, p. 160, n. 1 ; coll. Weber, *Cat.*, n. 4237.

2305. Même tête.

R̸. **E-P** de part et d'autre d'une torche allumée, dans une couronne d'épis.

Æ 12. — Obole, 0 gr. 85.

Cf. *Traité*, p. 506, n. 707 ; Brit. Mus., *Cat.*, p. 160, n. 3.

TRÉZÈNE

(vers 400-387 av. J.-C.).

2306. Tête d'Apollon Théarios à g., ceinte d'un bandeau, les cheveux longs sur le cou.
℟. **TPO.** Trident orné de festons. Carré creux.
Æ 17. — Drachme, 3 gr. 85.

> *Traité*, p. 448, n. 693 ; Brit. Mus., *Cat.*, p. 165, n. 2 ; coll. Weber, *Cat.*, n. 4250.

ARCADIE

(vers 500 à 418 av. J.-C.).

2307. Zeus Lycaios barbu, assis à dr. sur un trône à dossier levé, les cheveux longs, liés en touffe sur le cou, drapé, tenant un sceptre et un bouquet d'épis.
℟. **ARKA.** Tête de Despoina à g., l'œil de face, les cheveux striés retenus par un diadème perlé, et relevés en volute sur la nuque. Pendants d'oreilles et collier.
Æ 15. — Triobole éginétique, 3 gr.

> *Traité* (t. I), p. 846, n. 1230.
> Despoina était la parèdre de Zeus Lycaios. Ces pièces, à la légende **APKAΔIKON**, ont été émises par les Héraeens, comme présidents des jeux arcadiens du mont Lycée ('Αρχαδιχῶν ἀγώνων σῆμα).

2308. Zeus Lycaios barbu, assis à g., sur un trône, dont le dossier est orné de cols de cygnes, le torse nu, les jambes drapées s'appuyant sur son sceptre et tenant sur sa main droite avancée un aigle qui bat des ailes.
℟. **AᛘЯA-ИOᛘ** (rétrograde). Tête de Despoina à g., portant un diadème surmonté de trois feuilles d'olivier, les cheveux liés sur la nuque. Carré creux.
Æ 14. — Triobole éginétique, 2 gr. 99.

> *Traité*, p. 847, n. 1233.

2309. Zeus Lycaios comme ci-dessus, la main g. ramenée sous le siège. Pas de sceptre.
℟. **[AP]KAΔ[I]KO...** Tête de Despoina à dr., les cheveux relevés en chignon, parée d'un collier. Carré creux.
Æ 15. — Triobole éginétique, 2 gr. 90.

> Trouvée à Catane.
> *Traité* (III), p. 571, n. 837.

2310. Zeus Lycaios comme ci-dessus, s'appuyant sur son sceptre ; sur sa main tendue, l'aigle prend son vol.

 ℞. AR-AꓘI. Tête de Despoina à g., les cheveux relevés en bourrelet autour du crâne, et une boucle formant apex sur le front. Carré creux.

 Æ 15. — Triobole éginétique, 2 gr. 95.

  Traité, p. 579, n. 862.

2311. Zeus Lycaios debout de face, regardant à g., les jambes drapées ; sur sa main dr. levée, il tient un aigle qui bat des ailes, son sceptre est appuyé sur son bras g.

 ℞. ARK. Tête de Despoina de face, les cheveux rangés en petites mèches autour du front et en chignon sur la nuque.

 Æ 15. — Triobole éginétique, 2 gr. 87.

  Traité, p. 578, n. 857.

2312. Zeus Lycaios assis à dr. sur un trône, vu de dos, à demi drapé, tenant le sceptre ; sur sa main dr. tendue, un aigle.

 ℞. AꓘꟼI... (rétrograde). Tête de Despoina, de trois quarts à dr., les cheveux relevés en chignon.

 Æ 14. — Triobole éginétique, 2 gr. 78.

  Cf. *Traité*, p. 578, n. 854.

(370-363 av. J.-C.).

2313. Tête de jeune Pan imberbe, à g.

 ℞. Æ ; au-dessous, la syrinx ; dans le ch., à dr., Ω.

 Æ 12. — Obole éginétique, 0 gr. 85.

  Traité, p. 590, n. 872. Ces monnaies furent frappées à Mégalopolis au nom de la ligue arcadienne établie par Epaminondas.

CLEITOR

(vers 362-300 av. J.-C.).

2314. Tête d'Athéna à dr., coiffée du casque attique. Derrière, A.

 ℞. KΛH. Cheval au galop à dr., la longe flottant au-dessus de lui.

 Æ 13. — Obole éginétique, 0 gr. 72.

  Traité, p. 611, n. 914.

2315. Tête radiée de Hélios de face.

    ℞. ΚΛΗ. Taureau cornupète à dr. sur une base. En haut, en symbole, centaure brandissant une branche, au galop à dr.

    Æ 16. — Triobole éginétique, 2 gr. 52.

> *Traité*, p. 614, n. 920.
> Brit. Mus., *Cat.*, p. 179, n. 3 ; coll. Weber, *Cat.*, n. 4275.

2316. Même description, avec, en symbole, une feuille de lierre.

    Æ 16. — Triobole éginétique, 2 gr. 63.

> Acquise de Hoffmann, 1861.
> Coll. Weber, *Cat.*, n. 4274.

HÉRAEA

(avant 490 àv. J.-C.).

2317. Tête de Déméter à g., l'œil de face, très allongé, les cheveux en stries sur le front, et surmontés d'un *stéphanos*, le derrière de la tête couvert d'un voile épais.

    ℞. ΑΡΕ (rétrograde), entre deux lignes en zigzag, accostées de points. Carré creux.

    Æ 15. — Triobole éginétique, 2 gr. 91.

> *Traité* (t. I), p. 838, n. 1212.
> Brit. Mus., *Cat.*, p. 181, n. 7.

(vers 418-370 av. J.-C.).

2318. Tête d'Athéna à dr., coiffée du casque attique à panache.

    ℞. Χ entre quatre globules.

    Æ 15. — 2 gr. 75.

> *Traité* (III), p. 678, n. 1021.
> Brit. Mus., *Cat.*, p. 183, n. 19.

2319. Tête d'Athéna à dr., coiffée du casque attique.

    ℞. Χ.

    Æ 14. — 3 gr. 05.

MANTINÉE

(vers 370-362 av. J.-C.).

2320. Gland. Grènetis.

℞. **M** et, au-dessous, **MAN**.

Æ 11. — Obole éginétique, 0 gr. 88.

> *Traité* (III), p. 639, n. 959.
> Brit. Mus., *Cat.*, p. 185, n. 8.

2321. Autre exemplaire.

Æ 11. — 0 gr. 77.

> Provient de la coll. Dupré.

MÉGALOPOLIS

(IIIᵉ siècle av. J.-C.).

2322. Tête laurée de Zeus Lycaios à g.

℞. **MEΓ.** Pan nu, assis à g. sur un rocher, tenant le *pedum*, la main dr. levée. Un aigle à g. au-dessus de ses genoux. A g., ⅋.

Æ 16. — Triobole, 2 gr. 47.

> Brit. Mus., *Cat.*, p. 188, n. 8.

PHÉNÉE

(vers 362-300 av. J.-C.).

2323. Tête de la nymphe Maia à g., les cheveux relevés, couronnée d'épis, parée de pendants d'oreilles.

℞. **ΦENIKON.** Taureau debout à dr., un caducée gravé en relief sur l'épaule dr. ; sous le ventre, Γ.

Æ 14. — Triobole éginétique, 2 gr. 81.

> *Traité*, p. 603, n. 902.
> Brit. Mus., *Cat.*, p. 194, n. 15. La tête qui figure au droit est la copie de la tête d'Aréthuse par Evainète ; c'est Imhoof-Blumer qui a proposé d'y reconnaître la nymphe Maia, mère d'Hermès, au lieu de Déméter.

PSOPHIS

(vers 470-431 av. J.-C.).

2324. Protomé de cerf bondissant à dr.
R̸. [ɔ|ɕ] O (= ψο). Poisson nageant à g. Champ concave.
Æ 11. — Obole, o gr. 74.

> *Traité*, p. 615, n. 929 ; cf. coll. Weber, *Cat.*, n. 4330.

2325. O Φ (= ψοφι). Tête de cerf à g.
X I
R̸. ）C O (= ψο). Poisson nageant à g. Champ concave.
Æ 9. — Hémiobole éginétique, o gr. 42.

> *Traité*, p. 618, n. 930. Voy. le commentaire au sujet de la légende ψοφι.

STYMPHALE

(vers 420-370 av. J.-C.).

2326. Tête imberbe d'Héraclès à dr., coiffé de la peau de lion.
R̸. ИΟΙΛΑΦΜΥΤƷ (rétrograde : Στυμφάλιον). Tête et col d'oiseau aquatique. T-Y dans le ch.
Æ 12. — Obole, o gr. 86.

> *Traité*, p. 595, n. 881 ; Brit. Mus., *Cat.*, p. 199, n. 2 ; coll. Weber, *Cat.*, n. 4334.

2327. Même description.
R̸. Même description, avec ΣΤΥΜΦΑΛΙΟΝ, pas de lettre dans le champ.
Æ 11. — Obole, o gr. 75.

> *Traité*, p. 594, n. 880.

TÉGÉE

(vers 400-370 av. J.-C.).

2328. Tête d'Athéna Aléa à dr., coiffée du casque attique dont les paragnathides sont relevées.

℞. **TE-ΓEA.** Chouette debout à dr. sur une branche d'olivier.

Æ .15. — Triobole éginétique, 2 gr. 75 (la pièce est trouée).

Traité, p. 658, n. 982.

CRÈTE

APTÈRE

(Début du IVᵉ siècle av. J.-C.).

2329. **AΓTEPAIΩN.** Tête de nymphe à dr., portant un diadème orné de palmettes, des pendants d'oreilles et un collier.

℞. **ΓTOΛIOITO[Σ].** Hoplite barbu, debout à g., casqué, armé de la cuirasse, vêtu d'une tunique courte, tenant de la main g. la lance et le bouclier et levant la main dr. vers un olivier placé devant lui.

Æ 24. — Statère éginétique, 11 gr. 37.

Acquise de Hoffmann, 1859.

Traité, p. 1022, n. 1738. La légende du revers est bien **ΠTOΛIOITOΣ** et non pas **ΠTOΛIOIKOΣ** (= πόλεως οἰκιστής). Svoronos, *Numismatique de la Crète ancienne*, p. 15. n. 3.

AXUS

(vers 300-67 av. J.-C.).

2330. Tête de Zeus lauré à dr.

℞. **A-Ξ.** Foudre ailé. En contremarque, petite tête imberbe, à dr.

Æ 17. — 2 gr. 70.

Svoronos, p. 41, n. 37 ; Brit. Mus., *Cat.*, p. 15, n. 12 ; Coll. Weber, *Cat.*, n. 4393.

CHERSONESOS

(vers 320-300 av. J.-C.).

2331. Tête laurée de la nymphe Britomartis à dr., les cheveux relevés en chignon, parée de pendants d'oreilles et d'un collier. Grènetis.

℟. ΧΕΡΣΟΝΑ ΣΙ ΟΝ. Apollon nu, assis à dr. sur l'*omphalos* delphique, les cheveux noués au sommet de la tête, tenant la lyre appuyée sur son genou, et le *plectron* de la main dr. baissée. Devant lui, un thymiatérion.

Æ 26. — Statère, 11 gr. 24.

> Provient de la coll. Dupré.
> Cf. *Traité*, p. 926, n. 1483 ; Svoronos, p. 50, n. 10 ; Brit. Mus., *Cat.*, p. 16, n. 1.

CNOSSOS

(*vers 400-350 av. J.-C.*).

2332. Tête de la nymphe Ariadne couronnée d'épis, à dr., les cheveux relevés, parée de pendants d'oreilles.

℟. Labyrinthe cruciforme formé de méandres carrés tournant à g. ; au centre, 5 globules.

Æ 24. — Statère éginétique, 11 gr. 35.

> Provient de la coll. de Lagoy.
> *Traité*, p. 943, n. 1528.
> Svoronos, p. 69, n. 29. On peut relever au revers de cette pièce quelques traces de la légende : I Ƨ Ω И Ж, lue par cet auteur.

(*vers 350-300 av. J.-C.*).

2333. Tête de Héra argienne à g., coiffée d'un haut *stéphanos* décoré de palmettes, les cheveux dénoués, collier et pendants d'oreilles.

℟. ΚΝΩΣΙΩΝ. Labyrinthe carré. Dans le ch. à g. A et fer de flèche ; à dr., P et foudre.

Æ 26. — Statère éginétique, 11 gr. 47.

> *Traité*, p. 947, n. 1547 ; Svoronos, p. 73, n. 67 ; Brit. Mus., *Cat.*, p. 21, n. 24 ; coll. Weber, *Cat.*, n. 4422 ; P. Gardner, *Types*, pl. IX, n. 23 ; Coll. Jameson, *Cat.*, n. 1319.

2334. Même description.

℟. Même description, avec ΚΝΩΣΙ et A-P.

Æ 18. — Drachme éginétique, 5 gr. 35.

> Provient de la coll. Dupré.
> Cf. *Traité*, n. 1548 ; Svoronos, p. 74, n. 70 ; Brit. Mus., *Cat.*, p. 21, n. 26 ; Coll. Weber, *Cat.*, n. 4423.

2335. Europe assise de côté sur le taureau galopant à g.; elle retient de la main son voile, que le vent gonfle. Sous le taureau, deux dauphins affrontés.

℞. **ΚΝΩΣΙΩΝ**. Labyrinthe carré ; au-dessus, étoile.

Æ 18. — 3 gr. 32.

> Provient de la coll. de Lagoy.
> Svoronos, p. 81, n. 124; Coll. Weber, *Cat.*, n. 4426.

(vers 200-67 av. J.-C.).

2336. Tête d'Apollon lauré, à dr., les cheveux longs. Dans le ch., **ΠΟΛ-ΧΟΣ**. Grènetis.

℞. **[Κ]ΝΩ[Σ]ΙΩΝ**. Labyrinthe circulaire.

Ꞛ 31. — Tétradrachme attique, 14 gr. 30.

> Svoronos, p. 77, n. 96; Brit. Mus., *Cat.*, p. 23, n. 41.

CYDONIA

(vers 360-300 av. J.-C.).

2337. Tête de la nymphe Dictynna couronnée de pampres et de feuilles de vigne à g.

℞. **ΚΥΔΩΝ**. Levrette debout à g., détournant la tête pour regarder l'enfant Cydon qu'elle allaite.

Ꞛ 25. — Statère éginétique, 11 gr. 33.

> Provient de la coll. Dupré.
> *Traité*, p. 1030, n. 1753; Svoronos, p. 104, n. 37.

2338. Tête d'Athéna à dr., coiffée d'un casque corinthien orné d'un serpent.

℞. **ΚΥΔΩ[Ν]**. Même description que ci-dessus.

Ꞛ 19. — Drachme éginétique, 4 gr. 25.

> Provient de la coll. de Lagoy.
> Cf. *Traité*, p. 1030, n. 1756; Svoronos, p. 104, n. 40; Brit. Mus., *Cat.*, p. 29, n. 9.

ÉLEUTHERNE

(IVᵉ siècle av. J.-C.).

2339. Tête laurée d'Apollon à dr., les cheveux longs. Grènetis.

℞. **ΕΛΕΥΘΕ[Ρ]ΝΑΙΩΝ**. Apollon nu, debout de face, la tête à g., tenant une pierre et un arc.

Ꞛ 19. — Drachme éginétique, 5 gr. 40.

> *Traité*, p. 1007 n. 1704 ; Svoronos, p. 134, n. 33.

GORTYNE

(vers 480-430 av. J.-C.).

2340. La nymphe Europe assise de côté, de trois quarts à dr., sur le taureau galopant
à dr.

℞. Tête de lion de face, dans un carré linéaire ; le tout dans un carré creux.

Æ 21. — Statère éginétique, 11 gr. 63.

Cf. *Traité*, p. 963, n. 1582 ; Svoronos, p. 159, n. 10 (?) ; Brit. Mus., *Cat.*, p. 37, n. 3.

(vers 430-300 av. J.-C.).

2341. Europe assise de trois quarts à dr., sur le tronc d'un platane, le buste nu, les
jambes drapées ; sur ses genoux, un aigle éployé.

℞. Taureau à dr., détournant la tête.

Æ 25. — Statère éginétique, 10 gr. 60.

Acquise de Hoffmann, 1860.
Cf. *Traité*, p. 970, n° 1601 (par erreur, la pièce décrite et reproduite ne fait pas partie de
la collection de Luynes, mais de l'ancien fonds du Cabinet des médailles).
Svoronos, p. 167, n. 73 ; Brit. Mus., *Cat.*, p. 39, n. 17.

2342. Europe assise de trois quarts à dr., sur le platane. De la main dr., elle caresse
un aigle, posé sur l'arbre, les ailes repliées, et de la g., s'appuie sur un sceptre
surmonté d'un aigle.

℞. Comme ci-dessus.

Æ 27. — Statère éginétique, 11 gr. 60.

Acquise de Rollin, 1856.
Cf. *Traité*, p. 970, n. 1600.

2343. Même description. Sous le taureau, une mouche.

Æ 26. — Statère éginétique, 11 gr. 30.

Provient de la coll. de Lagoy.
Svoronos, p. 166, n. 70.

2344. Europe assise de trois quarts à g., sur le tronc du platane. Elle est entièrement
drapée et appuie sa tête sur sa main g., l'autre main reposant sur l'arbre.

℞. Taureau comme ci-dessus. Grènetis.

Æ 26. — Statère éginétique, 11 gr. 15.

Provient de la coll. Dupré.

2345. Même description.

℞. Même description, avec ИΟƧИVΤꟻΟΛ (rétrograde : Γορτυνίον). Grènetis.

Æ 29. — Statère éginétique, 11 gr. 80.

Provient de la coll. de Lagoy. Surfrappée sur une monnaie de Cyrénaïque.
Traité, p. 967, n. 1597 (La pièce reproduite est celle de la collection de Luynes) ; Brit. Mus., *Cat.*, p. 40, n. 45.

2346. Même description, à g., on voit un aigle posé sur une branche.

℞. ИΟΙ И VΤꟻΟꟁ (rétrograde). Taureau comme ci-dessus.

Æ 27. — Statère éginétique, 11 gr. 43.

Cf. *Traité*, p. 970, n. 1599.
Svoronos, p. 166, n. 69 ; Brit. Mus., *Cat.*, p. 39, n. 21.

2347. Europe comme ci-dessus ; de la main g., elle écarte son voile.

℞. Taureau comme ci-dessus. Sous le ventre, globule.

Æ 26. — Statère éginétique, 11 gr. 53.

Cf. *Traité*, p. 971, n. 1604.

2348. Europe assise à g. sur le tronc du platane, le buste nu, appuyant le menton sur la main dr.

℞. Taureau comme ci-dessus.

Æ 27. — Statère éginétique, 11 gr. 75.

Svoronos, p. 165, n. 62.

2349. Europe assise à dr. sur le platane.

℞. Taureau comme ci-dessus, se grattant le museau de sa patte postérieure droite.

Æ 27. — Statère éginétique, 11 gr. 60.

Provient de la coll. de Lagoy. Surfrappée sur une monnaie de Cnossos.
Svoronos, p. 165, n. 64.

2350. Tête d'Europe à dr. ; dans le ch., V-P.

℞. Tête et cou de taureau à dr.

Æ 14. — Hémidrachme, 2 gr. 90.

Svoronos, p. 162, n. 41.

(IIIᵉ siècle av. J.-C.).

2351. Europe, de trois quarts à dr., assise sur le platane, tournant la tête vers l'aigle debout à sa dr.

℞. Europe emportée par le taureau bondissant à g.

Æ 17. — 3 gr. 60.

Provient de la coll. Greppo.

2352. Même description.

Æ 18. — 4 gr. 70.

Provient de la coll. Greppo.

(vers 200-67 av. J.-C.).

2353. Tête d'Athéna, du type athénien (nouveau style). Sous le menton, **B**.

℞. ΓΟΡΤΥΝΙΩΝ-ΜΕΝΑΝΤΙ. Chouette debout de face sur une amphore couchée. A dr., petit taureau, le tout dans une couronne d'olivier.

Æ 29. — Tétradrachme, 14 gr. 52.

Svoronos, p. 180, n. 184.

(vers 66 av. J.-C.).

2354. Tête de Rome à dr., coiffée d'un casque orné d'une tête d'éléphant. Sous le menton, **K**.

℞. ΓΟΡΤΥΝ. Artémis Éphésienne de face ; dans le ch., à g., abeille ; à dr., tête d'éléphant ; à g., en dessous, **E** et proue de navire ; le tout dans une couronne de laurier.

Æ 31. — Tétradrachme, 19 gr. 40.

Ce tétradrachme fut frappé après la conquête de la Crète, par Q. Caecilius Metellus, dont la famille avait, pour emblème, la tête d'éléphant, voy. Svoronos, p. 181, n. 191.

HIERAPYTNA

(vers 200 av. J.-C.).

2355. Tête d'Athéna à dr. (type athénien), le casque orné d'un griffon.

℞. IEPAΠY Z-HNO-ΦI. Chouette debout sur une amphore couchée; à dr., aigle; le tout dans une couronne d'olivier.

Æ 30. — Tétradrachme, 15 gr. 97.

Svoronos, p. 143, n. 42.

ITANOS

(début du IVe siècle av. J.-C.).

2356. ITANION. Dieu marin (Itanos, Glaucos ou Triton) barbu, tête nue, son corps humain terminé en queue de poisson fourchue ; il lève la main g. crispée devant son front, et de la droite tient son trident.

℞. Deux monstres marins serpentiformes affrontés; ils ont une tête de cheval, une crête hérissée et des nageoires, leur queue se termine en fourche.

Æ 26. — Statère éginétique, 11 gr. 25.

Provient de la coll. Capranesi.

Traité, p. 898, n. 1415; Svoronos, p. 203, n. 20; Brit. Mus., *Cat.*, p. 51, n. 5. Comparez le dieu marin du droit à celui qui figure sur les monnaies d'Arados, en Phénicie.

(milieu du IVe siècle av. J.-C.).

2357. Tête d'Athéna à g., le casque orné d'une palmette.

℞. [I]TANIΩN. Aigle à g., les ailes repliées, regardant à dr. ; dans le ch., dieu marin comme ci-dessus, le trident sur l'épaule. Carré creux.

Æ 23. — Statère éginétique, 11 gr. 20.

Traité, p. 903, n. 1433; Svoronos, p. 205, n. 35; Brit. Mus., *Cat.*, p. 52, n. 12. La tête d'Athéna rappelle l'aide fournie par Athènes à Itanos, lors de l'expulsion du tyran Euphemos. L'aigle est une allusion au culte de Zeus Dictaios.

2358. Même description, le casque orné d'un rameau.

℞. Même légende et même description.

Æ 14. — Hémidrachme, 2 gr. 52.

Traité, n. 1435; Svoronos, p. 206, n. 38.

LAPPA

(après 300 av. J.-C.).

2359. Tête de taureau de face, une corne tournée en dessous.
℞. Λ A en sens inverse.
Æ 15. — 1 gr. 92.

> Svoronos, p. 211, n. 12.

PHAESTOS

(vers 480-430 av. J.-C.).

2360. Europe sur le taureau debout à dr., elle étend les deux bras, tenant d'une main l'une des cornes du taureau, et de l'autre s'appuyant sur la croupe.
℞. Mufle de lion de face, dans un carré creux bordé d'un grènetis, entre deux carrés linéaires.
Ⱥ 25. — 9 gr. 40.

> Acquise de Rollin, 1860.
> *Traité*, p. 982, n. 1623.
> Svoronos (p. 159, n. 9) classe cette pièce à Gortyne. Cf. notre n° 2340. E. Babelon attribue de préférence à Phaestos, les pièces où le taureau paraît immobile, comme ici.

(vers 400-360 av. J.-C.).

2361. Héraclès imberbe, nu, debout de face, s'appuyant de la main dr. sur sa massue et tenant de la main g. la peau de lion. A g., un serpent enroulé darde sa tête vers celle d'Héraclès ; à dr., l'arbre du jardin des Hespérides.
℞. Taureau marchant à g., une longe attachée au pied antérieur g. Couronne d'olivier au pourtour.
Ⱥ 23. — Statère éginétique, 11 gr. 41.

> Provient de la coll. de Lagoy.
> Cf. *Traité*, p. 986, n. 1631 ; Svoronos, p. 256, n.13.

2362. Héraclès comme ci-dessus, la tête à dr., tenant l'arc et la massue. A g., la peau de lion suspendue ; à dr., un grain d'orge ; dans le ch., quatre globules.

R̸. Comme ci-dessus.

Æ 25. — Statère éginétique, 11 gr. 82.

> *Traité*, p. 987, n. 1634.
> Svoronos, p. 258, n. 21.

2363. Même droit que ci-dessus.

R̸. Tête de taureau de face. Champ concave. Trois arcs de cercle dans le champ.

Æ 25. — Statère éginétique, 11 gr. 66.

> *Traité*, p. 987, n. 1635.

(vers 360-300 av. J.-C.).

2364. Héraclès imberbe, nu, debout à dr., brandissant de la main dr. sa massue pour en frapper l'hydre de Lerne dont il saisit de la main g. une des sept têtes. Il porte, sur l'avant-bras g., la dépouille du lion.

R̸. ΩΙΤΣΙΑΦ rétrograde (Φαιστίων). Taureau marchant à dr.

Æ 26. — Statère éginétique, 11 gr. 67.

> *Traité*, p. 994, n. 1656 ; Svoronos, p. 262, n. 55.

2365. Le géant Talos nu, debout de face, les ailes éployées, les jambes écartées, lançant une pierre de la main dr. Dans le ch., ΤΑΛΩΝ.

R̸. ΦΑΙΣΤΙΩ[Ν]. Taureau cornupète à dr., la jambe antérieure dr. levée.

Æ 26. — Statère éginétique. 11 gr. 42.

> Svoronos, p. 264, n. 67 ; Brit. Mus., *Cat.*, p. 64, n. 20 ; coll. Weber, n. 4554.

PHALASARNA

(400-300 av. J.-C.).

2366. Tête de la nymphe Phalasarné à dr., les cheveux retenus par un cordon qui fait deux fois le tour de la tête ; pendants d'oreilles.

R̸. Φ Α entre les branches d'un trident.

Æ 25. — Statère éginétique, 11 gr. 30.

> *Traité*, p. 1046, n. 1795 ; Svoronos, p. 269, n. 2 ; Brit. Mus., *Cat.*, p. 65, n. 1.

2367. Autre exemplaire.

Æ 23. — 11 gr. 30.

POLYRRHENIUM

(vers 330-280 av. J.-C.).

2368. ΓΟΛ ΥΡΗΝΙ ΩΝ. Tête de taureau de face, avec des bandelettes noueuses attachées aux cornes. Grènetis.
℞. ΓΟΛΥ ΡΗΝΙ. Fer de lance.
Æ 19. — Drachme, 5 gr. 30.

> Svoronos, p. 278, n. 13 ; Brit. Mus., *Cat.*, p. 67, n. 9 ; coll. Weber, *Cat.*, n. 4572.

(vers 200-67 av. J.-C.).

2369. Buste de la nymphe Dictynna de face, parée d'un collier et de pendants d'oreilles, le carquois et l'arc à l'épaule. Grènetis.
℞. ΠΟΛΥΡΗ ΝΙΩΝ. Apollon debout à g., nu, tenant l'arc.
Æ 16. — Hémidrachme, 1 gr. 69.

> Svoronos, p. 282, n. 13 ; Brit. Mus., *Cat.*, p. 68, n. 20.

PRAESOS

(vers 450-400 av. J.-C.).

2370. Héraclès (?) nu, imberbe, agenouillé à dr., et tirant de l'arc, sa chlamyde sur l'épaule.
℞. Colombe volant à g., dans un carré linéaire.
Æ 25. — Statère éginétique, 11 gr. 23.

> Provient de la coll. Allier de Hauteroche.
> *Traité*, p. 907, n. 1445. Svoronos, p. 287, n. 11 ; Brit. Mus., *Cat.*, p. 70, n. 3 ; coll. Weber, *Cat.*, n. 4576.

2370 *bis*. Tête imberbe d'Héraclès, à g., les cheveux courts et bouclés.
℞. Tête de taureau de face.
Æ 19. — Drachme éginétique, 6 gr. 05.

> *Traité*, p. 987, n. 1636.

PRIANSOS

(*vers 430 av. J.-C.*).

2371. Perséphone (?) assise de trois quarts à g., sur un trône à haut dossier, regardant de face, vêtue du double chiton, posant la main sur la tête d'un serpent qui se dresse à sa dr. A dr., un palmier. Grènetis.

℟. ΓΡΙΑΝ ΣΙΕΩΝ. Poseidon debout à g., les jambes drapées, tenant un trident de la main g., et un dauphin sur sa main dr. tendue. Grènetis.

Æ 27. — Statère éginétique, 11 gr. 30.

Provient de la coll. de Lagoy.

Traité, p. 935, n. 1511 ; Brit. Mus., *Cat.*, p. 73, n. 1. Svoronos (p. 295, n. 3) qualifie d'*Hygieia*, la nymphe qui figure au droit de ces pièces.

RHAUCOS

(*vers 430-300 av. J.-C.*).

2372. Poseidon Hippios barbu, nu, debout de face, regardant à dr., tenant son cheval par la bride de la main g., le trident dans la main dr. Globules dans le champ.

℟. ИΟΙ ϪΥΑϤ (rétrograde : ʿΡαυχιόν). Trident, le manche orné de volutes, dans un carré creux.

Æ 27. — Statère éginétique, 11 gr. 90.

Surfrappée sur une monnaie de Gortyne.

Traité, p. 958, n. 1566 ; Svoronos, p. 304, n. 1 ; Brit. Mus., *Cat.*, p. 76, n. 1.

CYCLADES

ANAPHÉ

(*après 300 av. J.-C.*).

2373. Tête d'Apollon Aigletes, de face, lauré.

℟. A NA. Vase à deux anses. Au-dessous, abeille.

Æ 19. — 4 gr. 85.

Provient de la coll. Dupré.

Brit. Mus., *Cat.*, p. 85, n. 2.

DÊLOS

(*IVe siècle av. J.-C.*).

2374. Tête d'Apollon lauré, à g., les cheveux longs.
     ℞. [Δ]-H. Lyre.
     Æ 11. — 0 gr. 94.

> Brit. Mus., *Cat.*, p. 99, n. 4.

IOS

(*après 300 av. J.-C.*)

2375. **OMHPOY**. Tête d'Homère à g., barbu, les cheveux longs retenus par une *taenia*.
     ℞. I-HT. Palmier.
     Æ 16. — 3 gr. 82.

> Provient de la coll. Dupré.
> Brit. Mus., *Cat.*, p. 101, n. 6.

NAXOS

(*avant 490 av. J.-C.*).

2376. Canthare bachique d'où émerge une feuille de chêne. A chacune des deux anses
     est suspendue une grappe de raisin.
     ℞. Carré creux quadripartit.
     Æ 21. — Statère éginétique, 12 gr. 35.

> *Traité*, p. 1315, n. 1950.
> Brit. Mus., *Cat.*, p. 110, n. 1.

2377. Même description.
     Æ 22. — 12 gr. 43.

PAROS

(*IIIe et IIe siècles av. J.-C.*).

2378. Tête de Coré ou d'Artémis à dr., les cheveux retenus par un cordon qui en fait
     trois fois le tour.

℞. ΓΑΡΙ. Chèvre debout à dr. sur une base. En haut, [A]ΝΑΞΙΚ.

Æ 23. — Didrachme, 6 gr. 96.

Brit. Mus., *Cat.*, p. 114, n. 11.

2379. Tête de Déméter à dr., voilée et couronnée d'épis.

℞. ΓΑΡΙ au centre d'une couronne de lierre.

Æ 21. — Didrachme, 7 gr. 57.

Provient de la coll. Dupré.
Brit. Mus., *Cat.*, p. 114, n. 13.

SÉRIPHOS

(après 200 av. J.-C.).

2380. Tête de Persée à dr., imberbe, coiffé d'un casque orné d'un griffon. Devant, harpê.

℞. CEPEI ΦΙΝѠΝ. Harpê. Grènetis.

Æ 15. — 2 gr. 60.

Provient de la coll. Dupré.
Brit. Mus., *Cat.*, p. 120, n. 11 ; Coll. Weber, *Cat.*, n. 4711.

SIPHNOS

V ᴸ   *(début du IVe siècle av. J.-C.).*

2381. Tête d'Apollon à dr., l'œil de face, les cheveux ceints d'une bandelette, et coupés sur la nuque.

℞. Φ Ι Ζ (rétrograde : Σιφ...). Aigle volant à dr. Au-dessus, grain d'orge. Carré creux.

Æ 22. — Statère éginétique, 12 gr. 05.

Prov. de la coll. Dupré.
Traité, p. 1307, n. 1942 ; Brit. Mus., *Cat.*, p. 121, n. 4.

TÉNOS

(avant 479 av. J.-C.).

2382. Grappe de raisin.

℞. Carré creux quadripartit.

Æ 12. — Triobole éginétique, 2 gr. 50.

> Au sujet de ces pièces dont le classement à Ténos reste sujet à controverse, voy. E. Babelon, *Traité* (t. I), p. 1295, et n° 1925.

(300-200 av. J.-C.).

2383. Tête de Zeus Ammon à dr., imberbe, portant des cornes de bélier.

℟. [T]HNIΩN. Poseidon debout à g., drapé, s'appuyant sur un trident et tenant un dauphin sur sa main dr. tendue. A ses pieds, grappe de raisin (?).

Æ 20. — 5 gr. 69.

> Brit. Mus., *Cat.*, p. 128, n. 7.

2384. Même tête à dr.

℟. T H. Grappe de raisin suspendue au cep.

Æ 17. — 4 gr. 80.

> Brit. Mus., *Cat.*, p. 129, n. 17.

THÉRA

(avant 480 av. J.-C.).

2385. Deux dauphins nageant en sens inverse.

℟. Carré creux partagé en six triangles alternativement en creux et en relief.

Æ 20. — Statère éginétique, 12 gr. 32.

> Acquise de Rollin, 1854.
> *Traité*, p. 1326, n. 1963 ; Coll. Jameson, *Cat.*, n. 1311 ; Coll. Weber, *Cat.*, n. 4739.

SUPPLÉMENT A L'ERRATUM DU TOME Ier

Nous devons à M. Vlasto un certain nombre d'observations dont nous avons tenu compte dans les notes qui vont suivre. M. Vlasto a bien voulu relire les épreuves de notre second volume, et nous lui adressons ici pour cette collaboration bénévole et très précieuse, nos bien sincères remerciements.

Page 45, n. 195. Au lieu de : 8 gr. 45, lire : 7 gr. 45.

P. 52, n. 223. La pièce décrite doit être classée à Pyrrhus, roi d'Épire. Cf. Brit. Mus., *Cat., Thessaly*, p. 113, n. 34.

P. 54, n. 231. La pièce décrite est campano-tarentine, et la légende est : TA (rognée). Voy. Brit. Mus., *Cat., Italy*, p. 199, n. 294.

P. 59, n. 255. Au lieu de : griffon, lire : serpent enroulé.

P. 61, n. 260. Au lieu de : 8 gr. 50, lire : 8 gr. 10.

P. 67, n. 286. Supprimer la référence à la coll. de Berlin.

P. 68, n. 292. Au lieu de : ⊢II, lire : ⊢H.

P. 69, n. 296. Sous le ventre du cheval, sur d'autres exemplaires, on lit : Ӿ (= ΞΕ). Ce qui est décrit comme un symbole indéterminé, n'est qu'une cassure du coin. Voy. Regling., *Cat. Warren*, n. 34, pl. I (actuellement dans la collection Vlasto).

P. 70, n. 299. La date de la pièce est postérieure à l'arrivée de Pyrrhus, de 281 à 272. Voy. Evans, p. 157, n. 6. A.

P. 71, n. 304. La date de cette pièce est de 235 à 228. Voy. Evans, pl. X, n. 5.

P. 71, n. 305. Au lieu de : Aphrodite, lire : Satyra.

P. 71, n. 306. La date de la pièce est de 420 à 380.

P. 71, n. 307. La date est de 380 à 345.

P. 72, n. 310. Au lieu de : vase, lire : patère.

P. 73, n. 313. Au lieu de : maillot, lire : *lorica*, ou cuirasse souple.

P. 74, n. 318. Au lieu de : ANO, lire : ANΘ. La date de la pièce est de 281 à 272.

P. 75, n. 320. La date de la pièce est de 345 à 334.

P. 75, n. 321. La date de la pièce est de 272 à 228.

P. 75, n. 322. La date de la pièce est de 345 à 334.

P. 79, n. 351. Au revers, lire : à dr., Pallas Promachos debout à dr.

P. 84, n. 405. Au lieu de : Taras, lire : Eros ailé, tenant une grappe de raisin.

P. 85, n. 415. M. A. Sambon voit en ces pièces des monnaies d'alliance entre Casarium et Himera (*Cat. Maddalena*, pl. V, n. 7).

P. 88, n. 424. Derrière la tête, en bas, à g., ҙ.

P. 88, n. 425. Au lieu de : A et K, lire : Δ et K.

P. 89, n. 429. Les lettres sont ⊢A (*sic*), cf. coll. Jameson, *Cat.*, n. 253.

P. 90, n. 434, 435. Ces deux pièces doivent être classées à Tarente.

P. 92, n. 448. Au lieu de : Æ, lire : Æ, supprimer : didrachme. Au lieu de : ΣΤΕΛ, lire : ΣΠΕΑ. Voy. *Cat. Santangelo*, n. 3840, Imhoof-Blumer, *Mon. gr.*, p. 3, n. 14.

P. 96, n. 469. Au lieu de : [K]A, lire : [Δ]A. Cf. coll. Mac-Clean, *Cat.*, n. 15, pl. 34.

P. 99, n. 490. Les pièces bien conservées de ce type portent sous la tranche du cou ΑΡΙΣΤΙ, et, derrière la tête, ΣΘΑΤ (voy. coll. Jameson, *Cat.*, n. 298).

P. 104, n. 518. Le symbole du revers est peut-être le flambeau de Déméter.

P. 108, n. 537. Au lieu de : hippocampe, lire : pistrix.

P. 109, n. 546. Au lieu de : Garrucci, n. 43, lire : n. 44.

P. 113, n. 570. Au lieu de : traces de lettres, lire : Ξ.

P. 117, n. 594. Au lieu de : Ψ, lire : Φ. Cf. Brit. Mus., *Cat.*, p. 294, n. 79: Coll. Weber, *Cat.*, n. 888.

P. 119, n. 606, 607, 608. Ces trois pièces font partie des premières séries de Thurium, et se placent chronologiquement après le n° 568. Voy. *Corolla numismatica*, p. 175, 38.

P. 119, n. 608. Au lieu de : E, lire : Ξ.

P. 120, n. 614. A l'exergue, aplustre et ⋈P. Cf. Mac Clean, *Cat.*, pl. 42, n. 19.

P. 126, n. 644. Au lieu de : Brit. Mus., *Cat.*, p. 313, n. 88, lire : n. 89.

P. 128, n. 656. Au lieu de : Thétis, lire : Amphitrite, ou plutôt : Dioné, *Cat. Locker-Lampson*, par E. Robinson, p. 16, n. 41.

P. 139, n. 722 à 724. Ces pièces ont été frappées après 280-277 av. J.-C. Voy. *Num. Chron.*, 1915, pl. VIII, et 1922, p. 245.

P. 144, n. 750. Au lieu de : flambeau, lire : caducée.

P. 145, n. 751. Au lieu de : torche, lire : caducée.

P. 160, n. 828. Au lieu de : Ν, lire : Φ.

P. 189, n. 970. Au lieu de : 6 gr. 85, lire : 5 gr. 85.

P. 191, n. 977. Evans a lu ΜΑΙ, au lieu de ΜΩΝ. *Num. Chron.*, 1890, p. 292, pl. XVIII.

P. 198, après le n. 1014, intercaler : (*de 461 à 396 av. J.-C.*).

P. 231, n. 1203. Ajouter : Æ 25. Tétradrachme, 17 gr. 20.

P. 235, n. 1220. La signature du graveur est complète : EVK ΛEIΔ AΣ.

P. 2.0, n. 1238, au lieu de : Æ, lire : AV.

P. 240, n. 1239, au lieu de Æ, lire : AV.

P. 240, n. 1240, au lieu de : Æ, lire : AV.

P. 240, n. 1241. Sur de bons exemplaires, on lit : ꟿ, signature de Cimon, voy. Hill, *Cat. J. Ward*, p. 45, n. 292.

P. 261, l. 4, au lieu de : Miron, lire : Micon.

P. 281, n. 1515. Cette pièce doit être classée à Adranum. Coll. Weber, *Cat.*, n. 1174, Coll. Mac-Clean, *Cat.*, n. 2008.

P. 283, ligne 4. Au lieu de : 30, lire : 40.

ERRATUM DU TOME II

P. 29, n. 1703, au lieu de : Athéna ; Promachos, lire : Athéna Promachos.

P. 63, n. 1877, au lieu de : Athènes, lire : Athéna.

P. 77, n. 1949, au lieu de : les Etolien, lire : les Etoliens.

INDEX DES NOMS DE PERSONNES

MACON, PROTAT FRÈRES, IMPRIMEURS — MCMXXV